Quando Deus parece distante

Quando Deus parece distante

Como resgatar a comunhão espiritual nos momentos de crise

Jamie Rasmussen

Tradução
Danilo Zola

NOVO CÉU

Título original: *When God Feels far Way: Eight ways to navigate divine distance*

Copyright 2021 by Jaimie Rasmussen
Publicado originalmente com o título When God Feels Far Away by Baker Books, a division of Baker Publishing Group, Grand Rapids, Michigan, 49516, U.S.A.
Todos os direitos reservados.

Direitos de edição da obra em língua portuguesa no Brasil adquiridos pela Novo Céu, um selo da Editora Nova Fronteira Participações S.A. Todos os direitos reservados. Nenhuma parte desta obra pode ser apropriada e estocada em sistema de banco de dados ou processo similar, em qualquer forma ou meio, seja eletrônico, de fotocópia, gravação etc., sem a permissão do detentor do copirraite.

Editora Nova Fronteira Participações S.A
Rua Candelária, 60 — 7.º andar — Centro — 20091-020
Rio de Janeiro — RJ — Brasil
Tel.: (21) 3882-8200

Dados Internacionais de Catalogação na Publicação (CIP)

R225q Rasmussen, Jamie

　　　Quando Deus parece distante: como resgatar a comunhão espiritual nos momentos de crise / Jamie Rasmussen; traduzido por Danilo Zola. – Rio de Janeiro: Novo Céu, 2022.
　　　144 p.; 15,5 x 23 cm.

　　　Título original: *When God Feels far Way: Eight ways to navigate divine distance*

　　　ISBN: 978-65-8478-604-2

　　　1. Virtudes e valores. I. Zola, Danilo. II. Título.

　　　　　　　　　　　　　　　CDD: 179.9
　　　　　　　　　　　　　　　CDU: 173

André Queiroz – CRB-4/2242

Conheça outros
livros da editora:

Ao falecido dr. Larry Crabb, que pessoalmente me incentivou a manter a firmeza, mesmo nos momentos em que Deus parecia distante, e então procurar ajuda na Bíblia.

Endossos

"A única coisa pior do que ver sua vida despedaçando é buscar por Deus e sentir que ele não se encontra em lugar algum. Mas ele está lá, sim, e está intimamente envolvido em sua luta, mesmo que você não sinta sua presença. E Jamie Rasmussen pode provar. Em seu novo livro, ele oferece ferramentas práticas e vivificantes que capacitam você a se aproximar de Deus quando ele parece tão distante. Cada capítulo é um choque de esperança na medida em que habilita você a não apenas perceber a proximidade de Deus, mas também a discernir suas marcas conforme ele muda as circunstâncias. É encorajador, propõe novos pontos de vista e traz esperança... com certeza, é leitura obrigatória!"
Tim Kimmel, autor de *Criação dos filhos baseada na graça* (Novo Céu) e *Grace Filled Marriage* (*Casamento cheio da graça*, em tradução livre).

"Fico feliz de recomendar este livro do pastor veterano Jamie Rasmussen, pois está cheio de conselhos sábios sobre como recuperar e manter uma relação pessoal e saudável com Deus, conselhos que vêm das palavras da Escritura e são ilustrados com numerosas histórias fascinantes sobre a aplicação prática desses ensinamentos na vida de pessoas comuns. Este livro desafiará e aprofundará sua vida espiritual!"
Wayne Grudem, professor e pesquisador de teologia e estudos bíblicos do Phoenix Seminary, autor de *Teologia Sistemática ao alcance de todos* (Thomas Nelson Brasil) e *Teologia da livre graça* (Vida Nova).

Sumário

Agradecimentos 11

Apresentação 13

Um caminho diferente 20
   Primeira maneira — Crendo na providência de Deus 29
   Segunda maneira — Escolhendo a humildade ao invés
   de orgulho 44
   Terceira maneira — Fazendo a coisa certa do jeito certo 56
   Quarta maneira — Tomando boas decisões durante
   a tempestade 65
   Quinta maneira — Dando lugar para Deus em sua vida 76
   Sexta maneira — Lealdade que liberta 91
   Sétima maneira — Usando o poder 104
   Oitava maneira — Celebrando as vitórias 120

Posfácio — A forma supera a fórmula 133

Reflita e coloque em prática 136

Agradecimentos

Minha vocação é ser pastor. Consequentemente, a maioria dos meus pensamentos eventualmente influencia meus sermões. Estive estudando o livro de Ester, do Antigo Testamento, por quase vinte anos. Preguei não menos que três longas séries de sermões sobre o livro, alcançando duas congregações diferentes. Gostaria de agradecer às pessoas da Fellowship Bible Church, em Changrin Falls, Ohio, por inicialmente terem escutado minhas reflexões sobre a questão de como Deus pode parecer distante. A receptividade e os comentários foram inestimáveis. Assim como elas, as pessoas da Scottsdale Bible Church em Scottsdale, Arizona, merecem um agradecimento especial. Elas receberam duas séries de mensagens com mais ou menos uma década de diferença entre uma e outra, e me ajudaram a lapidar minha compreensão a respeito de como enfrentar períodos em que Deus parece distante.

Bryan McAnally é escritor profissional e um colega pastoral. Seu trabalho em alguns dos capítulos intermediários, combinado com sua habilidade na escrita e edição, foi de imensa ajuda. Minha assistente executiva, Kathy Mersbach, forneceu apoio administrativo e editorial, sem os quais este livro nunca teria sido finalizado.

Brian Vos, da Baker Publishing, orientou este projeto do começo ao fim. Sua fé na mensagem e sua sabedoria durante o trajeto me estimularam. Foi uma alegria trabalhar com as equipes da Baker, em especial Amy Nemecek, Erin Bartels, Melanie Burkhardt e Sarah Traill.

Minha esposa, Kim, é quem merece os maiores agradecimentos. Ela me deu espaço para escrever quando precisei e me encorajou profundamente todas as vezes em que eu parei para *respirar*. Acima de tudo, ela me amou durante as mais de três décadas que dediquei ao estudo dessa sensação de distância de Deus.

Apresentação

Trinta e cinco anos atrás, me apaixonei pela Kim.

Eu estava fazendo uma pós-graduação em Chicago e ela estava na metade de sua graduação em uma faculdade a dois estados de distância. Na época, eu tinha desistido dos relacionamentos, dadas as imensas complexidades dos romances colegiais. Até onde eu entendia, precisava olhar para frente e focar no meu mestrado.

No entanto, quando o amor bate, não tem jeito. E bateu. Tendo crescido na mesma cidade, eu e ela nos conhecíamos fazia muito tempo. Mas foi apenas nos anos de faculdade que notamos um ao outro. Começamos a namorar no verão, depois que me formei; as famosas faíscas se acenderam, e logo eu estava apaixonado. Havia encontrado o amor da minha vida, e — milagre dos milagres — ela concordava!

Mas tínhamos um problema. Mudei para Chicago buscando treinamento teológico, enquanto Kim estava apenas na metade de seus estudos na faculdade ao Sul de Ohio. Os pais dela insistiram que ela terminasse os estudos lá, e eu não poderia desperdiçar a oportunidade de frequentar um seminário de alto nível. Com cronogramas intensos de estudo e o estado de Indiana entre nós, enfrentamos alguns novos desafios, dinâmicas desafiadoras. Na falta de boas opções, começamos o que se tornou um romance a distância por dois anos.

Não é preciso dizer que a *distância* foi o obstáculo mais óbvio que enfrentamos, e nós a experimentamos em níveis diferentes. Geograficamente, eram exatamente 516.599 quilômetros. No tocante ao tempo, estávamos separados por uma viagem de 4h54 no meu velho sedã de 1970. Em termos práticos, nossas agendas lotadas, nosso tempo limitado e a falta de dinheiro contribuíram para nos manter longe um do outro por tanto tempo.

Ainda assim, maior do que a barreira geográfica era a de comunicação. Hoje em dia, existe uma gama de alternativas, mas era 1980

— antes dos celulares, WhatsApp, Instagram, mensagens instantâneas, Facebook e até mesmo *e-mails*! Nossas duas únicas opções eram ligações de telefones fixos e cartas enviadas pelo correio. Acredite, sentimos cada aspecto inconveniente, impraticável e impeditivo da distância entre nós.

Em uma agradável noite de outono, sentei-me sozinho atrás do complexo de prédios em que residia para uma de minhas conversas regulares com Deus. Também estava pensando em Kim. Ao olhar para cima, para o céu noturno, percebi que meu amor podia ver precisamente as mesmas estrelas. Enquanto eu mirava o céu noturno, senti a proximidade dela.

Ao mesmo tempo, senti a distância.

As duas decisões que mudaram minha vida

Permita que eu lhe faça uma pergunta: você já se sentiu distante de alguém que ama? Arrisco dizer que você já passou por isso e que consegue se enxergar nessa situação.

E quanto à sua caminhada com Deus? Já se sentiu distante dele?

Pouco antes dos trinta anos, sentado no consultório do meu psicólogo, tudo que conseguia pensar era: "Você deveria me ajudar a me sentir melhor, não mais deprimido."

À vista da maioria das pessoas, as coisas estavam dando certo para mim. Eu tinha uma esposa ótima (sim, casei-me com a Kim!), duas filhas e mais um filho a caminho. Era pastor de uma igreja em ascensão em um bom subúrbio no Centro-Oeste. Ainda assim, minha esposa, minha mãe, os outros pastores com os quais eu trabalhava e meus amigos concordavam: eu precisava de terapia. Freud uma vez se referiu à depressão como raiva voltada para dentro.[1] Não tenho certeza de como funcionam os pormenores do assunto, mas eu sentia tanto raiva quanto depressão. Tentei suprimir tudo, abafar as duas coisas, encobri-las, mantê-las distantes, mas as emoções são algo complicado, e elas constantemente se espalhavam naqueles à minha volta. Como um amigo disse: "Você precisa *nos* livrar do *seu* sofrimento."

---

[1] Lisa Firestone, "The Role of Anger in Depression" ["O papel da raiva na depressão"], in *Psychology Today*, 9 de outubro de 2017, www.psychologytoday.com/us/blog/compassion-matters/201710/the-role-anger-in-depression.

Meu terapeuta era um senhor mais velho maravilhoso que usava mais o senso comum do que a inteligência dos livros. Nós inicialmente trabalhamos algumas questões relacionadas às minhas origens familiares. Foi um processo que levou tempo, mas valeu a pena. Eu estava melhorando.

Daí partimos para questões espirituais. Como cristãos, eu e meu terapeuta compartilhávamos a mesma visão de mundo. Com essa base de raciocínio em comum, ele abordou o assunto da minha caminhada com Deus. A maioria dos pastores não tem a oportunidade de conversar tão francamente sobre as maquinações da alma. No entanto, terapeutas são pagos para não surtar, ou pelo menos para não demonstrar que o estão fazendo. Então desabafei. Acontece que eu tinha algumas brechas na estrutura de minha espiritualidade que criavam muitos conflitos internos. Um amigo meu chamou isso de "agitação constante".

Naquele tempo, eu já era um seguidor de Jesus por mais ou menos 12 anos. Como Paulo na Bíblia, tive uma conversão radical e emocional. Eu estava trilhando um caminho que levava a lugar nenhum quando Jesus se fez muito claro para mim. Dei meia-volta e caminhei no sentido contrário. E nunca olhei para trás. Eu sabia, mais do que nunca, que amava Deus e as pessoas.

Não obstante, minha experiência com Deus ao longo do caminho foi outra história.

Nos 12 anos entre meu encontro emocional e muito real com Jesus e a consulta com o terapeuta, sentia que minha experiência com Deus frequentemente carecia de alguma coisa. Não o sentia como minha alma ansiava senti-lo, assim como não vivenciava seus gestos em minha vida com a frequência e constância que eu desejava.

Não me entenda mal, eu lia a Bíblia regularmente, orava o tempo todo, adorava-o publicamente e em meu íntimo, frequentava grupos de estudo bíblico, confraternizava com outros cristãos e servia no grupo de jovens. Eu lia livros a respeito de meditação cristã, orações contemplativas, cura e o poder do Espírito Santo. Frequentei o seminário e me formei em Divindade. Dediquei minha vida a servir ao Senhor, tornando-me pastor em tempo integral. Essa era minha vocação e eu me entregava por completo. Contudo, minha fidelidade não rendia o quanto minha alma ansiava.

Eu bebia do copo que me ensinaram a beber, e sentia cada vez mais sede. Estava frustrado e desanimado na maior parte do tempo. Apropriando-me de uma expressão, eu tinha uma sensação profunda de "insatisfação com o divino". Eu tinha aprendido a *pensar* e a *agir* como um cristão, mas nem sempre me *sentia* como tal.

Deus parecia distante. Eu sentia como se ele estivesse longe.

Quando compartilhei isso com o terapeuta, ele disse: "Bom, talvez seja assim pelo resto de sua vida. Talvez você se sinta assim até o dia em que morrer e for para o céu. Muitas pessoas se sentem assim. Ouço isso com frequência."

O quê? Isso não soou legal. Mesmo que ele tenha explicado que a aceitação, às vezes, pode gerar paz para a alma, suas palavras me deprimiam ainda mais.

Eu não estava pronto para jogar a toalha.

Sabia que tinha de haver uma forma melhor para resolver o problema, então tomei duas decisões que mudaram minha vida. Primeiro, estava cansado de mostrar uma imagem cristã falsa para aqueles à minha volta. Estava farto de fingir. Eu precisava ser realista quanto à minha experiência espiritual (ou mesmo sobre a ausência dela). Não importava o custo. A vida é muito curta para brincar, principalmente nas áreas que importam.

Em segundo lugar, decidi que *não* aceitaria essa sensação de distância de Deus em minha caminhada com ele. De forma alguma. Eu sabia que havia algo além. Decidi que gastaria mais do meu tempo e de minha energia conhecendo melhor a Bíblia, minha própria alma e a vida daqueles ao meu redor.

Honestidade e investigação. Essas foram as qualidades que germinaram daquele momento crucial no consultório do terapeuta, duas décadas e meia atrás. Desde então, honestidade e investigação têm me conduzido a descobertas maravilhosas e custosas.

> **Eu tinha aprendido a *pensar* e a *agir* como um cristão, mas nem sempre me *sentia* como tal. Deus parecia distante. Eu sentia como se ele estivesse longe.**

Transcendência e imanência

Como cristãos, costumamos falar sobre nossas relações com Deus por meio de Jesus. E relações possuem similaridades, sejam elas com outras pessoas ou com Deus. Toda relação envolve confiança, presença, comunicação, intimidade, dar e receber, ação visível e amor. Essas são as coisas necessárias para se desenvolver a proximidade. Ansiamos estar próximos daqueles que amamos, então é natural que queiramos sentir proximidade daquele que amamos e que é Espírito.

Mas essa é a dificuldade: *de certa maneira, Deus é distante por natureza*. Por milênios, teólogos vêm fazendo a distinção entre o que eles chamam *transcendência* de Deus e *imanência* de Deus. De forma simples, transcendência é a distância de Deus, e imanência é a proximidade dele. Deus, por ser inteiramente outro em relação a nós, é sentido e experimentado como alguém distante. Ele não é do mesmo reino que nós, pois existe no mundo espiritual. Nós vivemos no mundo físico, apesar de também termos uma porção espiritual. Como disse o salmista: "O Senhor tem o seu trono nos céus" (Sl 11:4). A palavra "transcender" significa "acima" e "do lado de fora", e isso é uma parte significativa de quem é Deus.

Deus é transcendente. Ele está muito acima de nós. Antes mesmo da origem de nossa queda, Deus é vivenciado como alguém distante.

E fica mais complicado. Mesmo Deus querendo que experimentemos sua imanência, o pecado mexe com nossa sensação de proximidade em relação a ele. Muitas vezes, nossa natureza de seres caídos nos impede de sentir uma aproximação quando pensamos em Deus. Mesmo Deus tendo-se feito presente para nós, e continuando a fazer isso de inúmeras maneiras, a parte de nossa natureza que está quebrada pelo pecado impede uma conexão com ele.

O pecado distorce a realidade. Como as montanhas bloqueiam o sinal do celular, o pecado bloqueia nosso sinal para as muitas mensagens de Deus para nós. Proximidade se torna distância. Ainda que a Bíblia claramente revele que Jesus veio para perdoar nossos pecados e nos proporcionar uma relação correta com Deus, ela também explica nitidamente que nossa natureza pecadora constantemente segue sabotando a proximidade com Deus que nós desesperadamente desejamos.

Ainda não conheci um cristão honesto que não se identifica com esse problema. Todo cristão se sente distante de Deus às vezes. Talvez com mais frequência do que o contrário. Continuamos acreditando nele. Nossa doutrina é pura. Vamos à igreja, participamos fielmente de grupos menores, servimos com nossos dons e nossas paixões, oferecemos nossa dose diária de devoção, doamos nossos recursos financeiros e fazemos nosso melhor para seguir sua Palavra.

No entanto, assim como eu naquela fresca noite de outono, há muitos anos, olhando para as estrelas e desejando proximidade, mas sentindo a distância, todos nós queremos mais. Almejamos mais. Queremos fechar o vão e guiar nossa alma bloqueada pelo pecado através da transcendência de Deus para experimentarmos sua imanência.

O que muitos tentam ignorar

A boa notícia é a seguinte: escrevi este livro para ajudar você a atravessar esses momentos nos quais há a sensação de que Deus parece distante.

Vou tratar desse assunto que muitos tentam ignorar e poucos querem sequer admitir, muito menos falar a respeito disso. Ninguém gosta de admitir que Deus parece distante. Isso é particularmente verdade para um cristão, especialmente depois que você aceitou Jesus em seu coração, arrependeu-se dos pecados, creu nele nos bons e maus momentos e entregou sua vida a ele.

Se você está se sentindo distante de Deus, escute-me: você não está sozinho. Sua experiência — ou mesmo a ausência dela — é universal.

Henry David Thoreau escreveu: "No longo prazo, as pessoas atingem apenas aquilo no que miram".[2] Isso é verdadeiro para a maioria das coisas na vida — e certamente é verdadeiro no que se refere a essa sensação de que Deus parece distante. Você pode aceitar que passar temporadas com esse sentimento de distanciamento faz parte do percurso ou pode tomar uma decisão, como eu fiz, de buscar proximidade de Deus por intermédio da honestidade e da investigação. É preciso fazer uma escolha.

Se você está preparada ou preparado para fazer essa jornada, compartilharei tudo que descobri sobre as soluções criativas e as

---

[2] Henry David Thoreau. Walden. Londres: Thomas Y. Crowell, 1910, p. 33.

ferramentas que a Bíblia fornece para ajudar você a reconstruir sua vida espiritual.

Há um livro escondido no Antigo Testamento que lida diretamente com esse problema da sensação de Deus parecer distante: a história de Ester. Escrito em um tempo no qual o povo de Deus não apenas sentia estar distante dele, mas estava de fato distante do Senhor, o livro de Ester oferece oito maneiras de se aventurar em períodos em que Deus parece estar mais nos bastidores do que no centro do palco. Cada uma dessas oito maneiras é comprovada e testada com o tempo pelo povo de Deus ao longo das eras.

Essas oito maneiras de experimentar a proximidade com Deus funcionaram para mim e funcionarão para você também. Está preparado para se juntar a mim nessa jornada?

> **Se você está se sentindo distante de Deus, escute-me: você não está sozinho.**

Um caminho diferente

"Cheguei a um ponto de minha vida no qual
Deus parecia escondido.
Não é bem um momento de dúvida.
Não é bem uma estiagem espiritual.
É, de alguma maneira, um momento de afastamento de Deus.
Ele não parece estar logo ao meu lado.
Ele não parece estar falando comigo de forma tão clara"
Lauren Winner, *Into Esther* [Por dentro do livro de Ester]

No decorrer dos anos, notei um padrão claro na maneira pela qual ensinamos aos cristãos como caminhar com Deus e vivenciá-lo. Esse padrão atravessa linhas denominacionais e é utilizado por muitos seguidores sérios de Cristo em todos os ambientes e culturas. Se parece com isso:

Investimento	Resultado
• Estudar a Bíblia	• Sabedoria/conhecimento para viver a vida
• Orar regularmente	• Bênção de Deus
• Comunhão com outros crentes	• Orientação quanto às situações
• Louvar em público e no privado	• Sentir a presença de Deus
• Servir com seus dons e paixão	• Poder do Espírito Santo
• Ser generoso com seus recursos	• Motivação para perseverar
• Amar todas as pessoas	• Crescimento do caráter pessoal

Essa é a equação que usamos para aproveitar ao máximo nossa fé em Jesus. É uma boa equação. Pode-se argumentar que é bíblica.

Essa é a forma como muitos (se não a maioria) dos cristãos estruturam sua caminhada com o Senhor. Fazemos as coisas que a Bíblia fala para fazermos: estudar a Palavra, orar, viver em comunhão, adorar, servir, doar e amar a todos. Como resultado, esperamos ver vestígios de Deus em nosso meio. Esperamos experimentar discernimento, bênçãos, orientação, bons sentimentos, poder, motivação e mudança em nossa vida (tanto em nós quanto naqueles à nossa volta).

Quando esse padrão funciona, é gratificante. Sentimo-nos melhores do que nunca. Experimentamos o que um mentor meu chama de "momentos de Deus". Tudo está bem e tranquilo no mundo — pelo menos no *nosso mundo* — quando isso dá certo.

Mas a dificuldade que gera dúvidas é a seguinte: o que fazemos quando o padrão investimento/resultado *não* funciona? O que fazemos quando o poder, os bons sentimentos e os momentos de Deus começam a diminuir?

Ainda mais pertinente: o que fazemos quando a maioria, ou mesmo todos os investimentos não parecem proporcionar o que alguma vez já proporcionaram? Quando as orações parecem secas e não respondidas? Quando não se tira muito proveito da Palavra? Quando a adoração não gera os sentimentos que costumava gerar? Quando a comunhão se torna chata? Quando servir se torna uma obrigação, um trabalho? Quando as bênçãos se tornam esparsas? Quando falta motivação? O que fazer quando os métodos reais e testados não são mais tão reais como já foram em outro momento? O que fazemos quando a equação já *não bate* mais?

Algumas pessoas respondem a essas perguntas dizendo: "Bom, isso não acontece com tanta frequência." Quer dizer, com que frequência a equação realmente falha?

Com mais frequência do que pensamos. Pelo menos, pelos padrões bíblicos.

Em não menos de uma dezena de ocasiões os salmistas descreveram suas experiências espirituais como se Deus estivesse "se escondendo" deles.[3] A imanência de Deus estava bloqueada. Os salmistas não *experimentavam* Deus como já haviam feito antes. E nem sempre

---

3 Ver Sl 10:1; 13:1; 27:9; 30:7; 44:24; 88:14; 89:46; 102:2; 104:29; 143:7.

era porque estavam sendo teimosos, rebeldes ou pecadores. Ao terminar de ler o resto dos salmos em questão, nos quais cada salmista reclama do sumiço de Deus, eles estavam, de alguma maneira, praticando o lado esquerdo da equação.

Mas o lado direito não estava tão produtivo quanto costumava ser. Muitas vezes, era simplesmente resultado de uma alma humana finita com dificuldade de se conectar com o Deus infinito. A sensação de que Deus parecia distante era a percepção de realidade dos salmistas — Deus parecia distante.

Israel, como nação, experimentou essa mesma sensação de estranhamento. 1Samuel 3:1 relata: "Naqueles dias raramente o Senhor falava, e as visões não eram frequentes" (NVI). Isso foi *antes* de Israel cair em rebelião e apostasia. Houve temporadas — às vezes, longas — nas quais a experiência de Israel com o Senhor não era como já havia sido antes. Sem divisão do Mar Vermelho. Sem maná do céu. Sem a coluna de nuvens para guiá-los durante o dia e a coluna de fogo para guiá-los durante a noite.

"Raramente o Senhor falava." Existia uma distância palpável entre as pessoas e Deus. Deus parecia distante. A equação não estava "batendo".

No Novo Testamento, encontramos passagens semelhantes nas quais Deus parece distante. Em momentos diferentes, os discípulos originais se sentiam confusos e distantes de Jesus, mesmo quando o Mestre estava fisicamente com eles.

O apóstolo Paulo, um dos seguidores mais ardentes e rigorosos de Jesus que já caminhou na Terra, passou por um período problemático a ponto de perder "a esperança da própria vida" (1Co 1:8).

Temos o próprio Jesus, a eterna Segunda Pessoa da Trindade, que clamou na cruz: "Meu Deus! Meu Deus! Por que me abandonaste?" (Mt 27:46). Apesar de existirem muitas explicações sobre o motivo de Jesus dizer isso, em uma coisa todas elas concordam: que Jesus se sentiu muito distante do Pai naquele momento.

O ponto é este: há momentos, até mesmo temporadas, nos quais experimentamos a sensação de que Deus parece distante. C.S. Lewis chamou isso de perder seu "fervor primário".[4] São João da Cruz cha-

---

4 C.S. Lewis. *The Joyful Christian* [O cristão alegre]. Londres: Scribner, 1996, p. 79.

mou de "a noite escura da alma".[5] D. Martyn Lloyd-Jones cunhará "depressão espiritual".[6] Larry Crabb chamará de "experiência do trabalho".[7]

Chame do que quiser, todos estão tratando do mesmo ponto. É como um momento de passagem pelo mundo selvagem na sua caminhada com Deus. Com o passar dos anos, desde aquele dia no escritório do meu terapeuta, tive a sorte de aprender com alguns seguidores de Jesus leais e maduros — verdadeiros veteranos espirituais. Conforme eu trazia essa experiência de ter a sensação de estar distante de Deus, muitos desses amigos disseram que suas histórias coincidiam com esses exemplos da Bíblia.

Me arrisco a dizer que você tem sua própria história a respeito dessa sensação de quando Deus parece distante. Você não está sozinho, mesmo que pareça que esteja, pois muitos cristãos fingem, convencidos de que não podem admitir uma experiência de que estão distantes de Deus. Há um valor enorme em ser sincero a respeito das vezes na sua vida em que Deus pareceu distante, pois a Bíblia proporciona esperança.

Antes de entrarmos na esperança que a Bíblia oferece, precisamos tratar de mais um obstáculo: uma resposta cada vez mais comum entre cristãos sérios e de boas intenções que impedem muitos de nós de encontrar os caminhos que Deus determinou.

Há um valor enorme em ser sincero a respeito das vezes em sua vida nas quais Deus pareceu distante, pois a Bíblia proporciona esperança.

A equação não é a solução

Conforme conversava com as pessoas a respeito do que elas faziam quando Deus parecia mais nos bastidores do que no centro do palco de suas vidas, eu recebia frequentemente a seguinte resposta: "Bom, Jamie, eu disfarçava e seguia com a vida. Eu passava *mais* tempo lendo a Palavra, *mais* tempo em oração, frequentava *mais um* grupo de

---

5 São João da Cruz. *Dark Night of the Soul* [A noite escura da alma]. Mineola, NY: Dover, 2012.

6 D. Martyn Lloyd-Jones. *Spiritual Depression: Its Causes and Cures* [Depressão espiritual: suas causas e sua cura]. Grand Rapids: Zondervan, 2016.

7 Larry Crabb. *Inside Out* [Pelo avesso]. Colorado Springs: NavPress, 2014.

estudos, ouvia *mais* músicas de adoração cristã, realizava *mais* trabalhos voluntários e fazia questão de permanecer fiel nas minhas ofertas, *ou até ofertava mais*. Não há fardo pesado para ombros fracos. Eu segui com a vida."

Quero que fique claro: as coisas que fazemos para manter a progressão e o desenvolvimento de nossa caminhada com Deus não são apenas as coisas certas a se fazer, mas também são o que Deus determinou em sua Palavra para fazermos. Nenhum seguidor de Jesus que seja íntegro tentaria argumentar diferente. O que chamamos de *disciplina espiritual*, as ações do lado esquerdo da equação, são indispensáveis para forjar e manter uma relação íntima com o Senhor. Precisamos fazer nossos exercícios espirituais regularmente para que possamos ficar espiritualmente em forma. Precisamos manter a prática deles para sustentar uma vitalidade espiritual.

A *deficiência* dessa abordagem para superar a sensação de distância de Deus está em pensar que a equação é tudo que você precisa na sua caminhada com ele. Que o investimento-resultado resolve tudo. Na realidade, assumir que uma *relação* com Deus possa ser, de fato, resumida por uma equação é um jeito inadequado de pensar. Larry Crabb acerta ao chamar essa forma de abordar Deus de "pensamento linear".[8] É o tipo de pensamento que postula: se você fizer A, isso levará a B naturalmente. Esse pensamento assume que, se você investir, Deus proverá os resultados.

Mesmo que exista um aspecto na caminhada com Deus de "colhermos o que plantarmos",[9] é diferente de dizer que isso resume sua experiência com Deus. O conhecimento de Deus não pode ser medido por uma equação. Há algo a mais.

O que descobri, e o que o livro de Ester revela, é que Deus oferece outras formas de chegar até ele. Existem formas de pensar e agir que nos levam além de uma abordagem de Deus equacional e linear.

O problema não é a equação. Ela é boa como é, mas não é a solução.

Deus nos propõe certas ações contemplativas e práticas que podemos aderir às nossas atividades espirituais diárias para nos ajudar

---

[8] Larry Crabb. *The Pressure's Off: There's a New Way to Live* [A pressão acabou: há uma nova maneira de viver]. Colorado Springs: Waterbrook, 2012, p. 22.

[9] Ver Gl 6:9.

a atravessar essas temporadas nas quais há a sensação de que Deus está distante.

Ester: uma história de fácil identificação

Se houve um período na Bíblia em que o povo de Deus se sentia distante dele foi durante o período de Ester.

Essa história aconteceu em cerca de 480 a.C., perto do fim do Antigo Testamento. Israel já era uma nação havia mais de mil anos. Depois de um início difícil, eles eventualmente se estabeleceram em um lugar. Para se manter em comunhão com Deus, obedeceram às ordens divinas e construíram um espaço móvel para adorar chamado Tabernáculo (ou tenda de encontro)[10] e, mais tarde, o grande Templo em Jerusalém onde a presença de Deus era vivida constantemente.

Durante esse milênio cheio de aventuras, a única coisa que Deus nos orientou a nunca fazer foi colocar outras coisas à frente dele. Fazer isso era chamado de "adoração de ídolos". Israel falhou completamente. Eles frequentemente permitiam que aspectos discordantes de outras religiões competissem por seus afetos.

Como resultado de tal rebelião, Deus permitiu que poderosas nações viessem e dominassem Israel. Primeiro foram os assírios; depois, os babilônios; e finalmente, os persas. Uma nação após a outra saqueou o povo escolhido de Deus. Mas essas nações não apenas habitaram Israel; eles deportaram a maioria dos israelitas de sua terra natal. Mais de um milhão deles, do povo escolhido por Deus, foi realocado para lugares longínquos em todo o Oriente Médio. Comunidades inteiras foram deslocadas. Lares e famílias foram divididos nesse processo.

Os israelitas não estavam apenas longe de casa geograficamente; estavam longe de casa *espiritualmente*. Em outras palavras, estavam literalmente distantes da presença de Deus como a experimentavam no Tabernáculo e no Templo.

Naquele tempo, Deus fazia sua presença ser sentida por meio das "casas" que foram construídas para ele. Isso não quer dizer que Deus nunca se revelou para Israel de outras maneiras. Ele o fez. Houve aparições, anúncios angelicais, as palavras dos profetas, tabuletas de

---

10 Êx 27:21; 28:43; 29:4,10,11,30.

pedra e inúmeras outras formas de Deus se apresentar para seu povo. Ainda assim, a presença de Deus no Tabernáculo ou no Templo era uma constante para Israel em um mar de incertezas e mudanças. Nas casas de adoração, Deus se revelava.

No entanto, depois do exílio, Israel estava longe dessa presença constante. Se alguma vez um povo de Deus pôde justificar uma sensação de distância dele, foram os israelitas.

Como consequência dessa separação tão real, o livro de Ester é escrito como nenhum outro livro da Bíblia. O que é mais notável sobre o livro de Ester é o que *não* está incluído na história. Há quatro coisas que faltam neste relato que chamaram a atenção de acadêmicos ao longo dos anos:

- *Deus parece ter desaparecido.* Não há referência a ele. O nome que é citado e notório em todos os outros livros da Bíblia não é mencionado no livro de Ester.
- *A Lei de Deus parece ter desaparecido.* A Lei de Deus e a aliança com ele não são referenciadas. Dez capítulos sem uma citação dos Dez Mandamentos, da aliança mosaica ou de qualquer lei de Deus.
- *As orações parecem ter desaparecido.* Não há referências diretas a orações. Uma atividade que é aludida no resto da Bíblia centenas de vezes, algo no qual tanto o judaísmo quanto o cristianismo constroem toda sua compreensão de relação com Deus, não é mencionada uma vez nessa história. Há a ausência da conversa com Deus.
- *Os princípios de Deus parecem ter desaparecido.* Conceitos como o da bondade de Deus, sua misericórdia e seu perdão — o alicerce da graça — não recebem atenção alguma. É como se alguém viesse e os tirasse de cena em algum momento, contudo temos muitas evidências de que esse não é o caso.

Por que a autora dessa história ancestral se lembra dos eventos dessa maneira? O que ela tentou comunicar ao omitir coisas?

Por Israel estar com a sensação física e espiritual de distanciamento de Deus durante a escrita do livro de Ester, a história foi contada de uma perspectiva que exala a sensação de distância que as pessoas sentiam de Deus. Foi escrito do vantajoso ponto de vista do distanciamento espiritual.

A história mais parece um relato secular do que religioso. Isso incomodou algumas pessoas ao longo dos anos. O reformista Martinho Lutero não gostava do livro de Ester. Ele escreve: "Nutro tanta hostilidade (...) pelo livro de Ester que poderia desejar que ele não existisse." Não era religioso o suficiente para ele. Parecia muito "pagão".[11] Ele queria que fosse mais parecido com o restante dos livros da Bíblia.

Pouco depois de o livro de Ester ser originalmente escrito, durante um período conhecido como interbíblico ou intertestamentário (entre o fim do Antigo Testamento e o início do Novo Testamento), um editor anônimo também considerava o livro muito não religioso. Resolvendo por conta própria, ele adicionou mais de uma centena de versículos, espalhando-os em toda a narrativa. Ele condimentou a história com muitas palavras e imagens espirituais. Entrecortou o livro com referências a Deus, à oração, circuncisão e tantas outras imagéticas espirituais. Fez parecer mais com o livro de Salmos do que com o texto de Ester. O editor tentou forçar na história de Ester a equação sobre a qual tratamos anteriormente. Por sorte, temos o livro original.[12]

Editores modernos

Ao tentar fazer com que esses períodos nos quais Deus parece distante façam sentido, tendemos a ser como as pessoas que revisaram o livro de Ester para deixá-lo mais atrativo. Com a diferença de que fazemos isso com nossa própria vida. Não gostamos da sensação de distanciamento de Deus. Somos resistentes às temporadas em que ele parece estar nos bastidores. Consequentemente, quando temos a sensação de que Deus está distante, adaptamos nossa linguagem de adoração para tentar provar para nós mesmos e para os outros que ele

---

11 *Apud*. David M. Howard Jr. *An Introduction to the Old Testament Historical Books* [Uma introdução aos livros históricos do Antigo Testamento]. Chicago: Moody, 2007, p. 362.

12 Robert Henry Charles (ed.) *The Apocrypha and Pseudepigrapha of the Old Testament in English: With Introductions and Critical and Explanatory Notes to the Several Books* [Os livros apócrifos e pseudoapócrifos do Antigo Testamento em inglês: com apresentações e notas críticas e explanatórias aos vários livros.] Londres: Clarendon Press, 1913, p. 665.

está no centro do palco de nossa vida. Cantamos mais alto e falamos mais. Agimos com mais ímpeto espiritual do que realmente sentimos. Como eu mesmo fiz no escritório do meu terapeuta anos atrás, relutamos em admitir o período pelo qual estamos passando.

É de se estranhar o porquê de nos sentirmos falsos ou vazios às vezes? Está na hora de acabar com esses questionamentos. Acredito que o texto original do livro de Ester contém exatamente o que precisamos para sermos honestos e começarmos a investigar a respeito da sensação de que Deus está distante. A história não precisa ser editada. A versão original, real e crua servirá.

A autora quer que sintamos qual a sensação de quando Deus está mais nos bastidores. Quer que nos identifiquemos com esses períodos nos quais Deus parece distante de nosso dia a dia. A história de Ester foi feita para nos ajudar a perceber que, às vezes, nesse mundo caído, até mesmo por períodos longos, Deus parece distante, afastado e inativo. É um convite para que sejamos sinceros e investiguemos.

O resto da história

A história de Ester nos convida a explorar alguns caminhos que poucos escolhem tomar. Uma estrada menos utilizada e menos desgastada. Cheia de uma esperança extraordinária para aqueles de nós que são sinceros e desejam compreender Deus da maneira que nossa alma anseia.

Ester faz mais do que simplesmente registrar qual a sensação de quando Deus parece distante. Ela revela que Deus está presente mesmo quando parece longe. Continua ativo, apesar de parecer inativo. Ele está lá, fazendo coisas que apenas ele pode fazer, mesmo estando nos bastidores. Alguém disse uma vez: "Uma coincidência é um pequeno milagre no qual Deus escolhe manter-se anônimo." A história de Ester está carregada de "coincidências" pouco escondidas. Todas elas têm origem divina. Deus está agindo.

Se tivermos fé, essa também pode se tornar a história de nossa vida.

PRIMEIRA MANEIRA
Crendo na providência de Deus

"Safira ofereceu suas orações.
O silêncio foi a única resposta que obteve,
mas ainda proporcionou conforto a ela."
James Rollins em *Sandstorm*

Todos precisam ser questionados quando o assunto é fé. Todos nós precisamos de um cutucão de vez em quando para nos manter afiados e no caminho certo no tocante à composição e à estrutura de nossa fé. Lembro-me de uma das primeiras vezes em que minha fé foi questionada. Aconteceu quando eu era um jovem discípulo de Jesus na faculdade. Conforme eu passava por dezenas de outros estudantes que estavam a caminho ou saindo de suas aulas, passando pelo pátio aberto, mal os notava. Estava imerso em pensamentos.

Eu estava no meu segundo ano, estudando Religião e Psicologia. Alguns meses antes, fui apresentado a um velho dilema da Teologia e da Filosofia: a soberania de Deus e nosso livre arbítrio. O rumo da vida humana é *terminantemente* decidido pela vontade de Deus ou por nossas escolhas? É claro que ambas influenciam. Mas, no fim, qual vontade e determinação dominam? A de Deus ou a nossa? Pouco antes eu lera longos livros ora argumentando a favor de uma tese, ora defendendo a outra. Incomodava-me que a resposta não fosse fácil.

Tudo isso devia estar estampado na minha cara, pois quando passei por um dos meus professores, ele me parou. Por ter sido um soldado que se tornou teólogo, ele era conhecido por sua inteligência, sagacidade e personalidade extrovertida. Ao chamar minha atenção ele perguntou: "Rasmussen, que cara é essa? O que está incomodando você?"

Disse a ele que não consegui resolver o enigma do domínio da vontade, se divina ou humana. Nunca esquecerei sua resposta: "Ah, não é tão difícil. Pense assim: no fim das contas, quem você quer que esteja mais no comando — nós ou Deus? Quem você quer que esteja terminantemente no controle da situação? Quem você acha que deve ter a última palavra? Um Deus soberano de sabedoria, bondade e poder infinitos ou eu e você?"

Às vezes, as formas mais simples de observar as coisas são as melhores. Eu sabia a resposta disso, escolhi Deus. Isso foi um divisor de águas na maneira como eu enxergava Jesus, eu mesmo e as realidades à minha volta. Também mudou o jeito como eu utilizava e focava minha fé. Todos nós precisamos de um cutucão de vez em quando.

O alicerce é a fé

Você já percebeu como hoje em dia as pessoas ostentam sua fé? A fé é uma medalha de honra para todos os tipos de pessoas, de personalidades da mídia, passando por celebridades de Hollywood, políticos e doutores, até a elite da sociedade. É mais ou menos assim:

- "Você só precisa ter um pouco de fé."
- "Eu sou uma pessoa de fé."
- "Se você tiver fé, passará por isso."
- "Mantenha a fé."

Hoje em dia, está na moda falar de fé. Ninguém julga os outros por ter ou mencionar a fé em nossa sociedade educada. Fico feliz que nossa cultura acolha isso. É uma coisa boa.

A Bíblia afirma repetidas vezes o valor da fé. Jesus disse que tudo o que você precisa é de uma "fé do tamanho de um grão de mostarda" e você moverá montanhas (Mt 17:20). A Epístola aos Hebreus diz: "Sem fé é impossível agradar a Deus" (11:6). O apóstolo Paulo diz que, das três principais coisas que importam na vida, a fé é uma delas (ver 1Co 13:13). Ele a chamou de "dom de Deus" (Ef 2:8). A Bíblia repetidamente canta sobre a fé uma melodia que deve ser base para nossa vida.

Você acerta no que mira

O que falta no amor de nossa cultura pela fé é tanto o *objeto* certo para depositá-la como *aquilo em que exatamente estamos confiando* quando se trata desse objeto no qual depositamos a fé. Embora seja algo bom e maravilhoso confiar no poder da fé, isso é apenas o início. Deve haver tanto um *direcionamento correto* quanto uma *substância sólida* para nossa fé.

Filosoficamente, fé é confiar em algo ou em alguém. É marcado pela inclinação, confiança ou dependência nesse algo ou alguém. Alguns dizem que a fé é uma muleta. De certa maneira, é. Por sua própria natureza, a fé se concentra sobre alguma coisa para conseguir extrair o máximo que conseguir dela. Usamos a fé para nos ajudar a andar e não mancar. Ela nos dá a confiança de seguir e ascender na vida. Todos nós a usamos, e é por isso que há o consenso de que ela é uma qualidade essencial para a vida.

Então, o que se pode dizer sobre o(s) *objeto(s)* nos quais você deposita sua fé? Onde deveria depositá-la?

Enquanto a cultura louva as virtudes da fé, não há concordância a respeito do(s) objetos nos quais depositá-la. Alguns defendem que é preciso ter fé em si mesmo. Isso tem se tornado popular desde o crescimento da "geração eu", obcecada por si, composta por pessoas nascidas durante a explosão demográfica nos Estados Unidos entre os anos de 1945 e 1964.

Outros defendem a fé no destino. Estamos todos familiarizados com a lógica de que "tudo acontece por algum motivo". Há alguns que defendem que devemos ter fé na bondade da humanidade em geral, dando a entender que o altruísmo de alguns superará a maldade. A lista não tem fim: fé na tecnologia, na ciência, nos doutores, na capacidade que o corpo humano tem de se curar. A quantidade de objetos nos quais a fé é depositada se tornou tão grande que algumas pessoas simplesmente optam por ter fé no poder da fé, sem declarar um objeto em que depositá-la: "Você só precisa ter fé."

Com tantas opções, é importante perceber que a capacidade de se ter fé de cada ser humano é limitada. A Bíblia comprova isso.[13] A fé de

---

13 Ver Rm 12:3.

alguém só pode ir até certo ponto. Todos nós devemos escolher com cuidado em quem ou em que nos apoiaremos e depositaremos nossa fé.

Anos atrás, quando eu estava conversando com um amigo de infância próximo, ele disse que acreditava em Deus, mas apenas em nível geral. Afirmou que acreditava em Deus de forma "liberal". Ele não queria se aprofundar mais, não queria se tornar muito radical. Perguntei para ele se isso já havia gerado algo em sua vida. Ele me respondeu: "Nada demais."

Você acerta no que mira. Devemos escolher cuidadosa e sabiamente o objeto no qual depositamos nossa fé, para onde direcioná-la.

O cristianismo sustenta que é através da fé em Jesus que uma pessoa entra em uma relação eterna com Deus. Afirma ainda que o que conta é a fé na *pessoa* e na *obra* de Jesus. Sua *persona* como o eterno Filho de Deus e seu trabalho na cruz para garantir o perdão de nossos pecados. Tanto o *objeto* em que se deposita a fé (a pessoa de Jesus), quanto *em que estamos acreditando exatamente* quando se trata do objeto (o trabalho de Jesus na cruz), ambos são bem definidos.

Esse é o alicerce da fé sobre o qual tudo será construído. Acreditar em Jesus como Salvador e Senhor é crucial. É como se entra em uma relação com Deus.

Mire na providência

Baseada no alicerce da fé em Jesus, uma fé profunda é necessária e mostrada na história de Ester. Essa fé profunda foi a que me incomodou na faculdade; é ela que permite a alguém superar os períodos em que Deus parece distante. É a fé na *providência* de Deus.

Antes de definirmos o que é providência, revisemos o livro de Ester. A história tem quatro personagens principais:

- Xerxes, o rei da Pérsia.
- Hamã, segundo no comando.
- Ester, uma bela, jovem e órfã mulher judia.
- Mardoqueu, primo de Ester e aquele que cuidava dela.

Estamos no fim do Antigo Testamento. Ester e muitos de seus camaradas israelitas estão vivendo em exílio em vários lugares da Pérsia (hoje em dia, o Irã). O primeiro capítulo estabelece o teor da história ao descrever a cultura naquele período. O que ela escreve poderia ser lido em uma matéria de jornal dos dias de hoje. A cultura da época de Ester é descrita de quatro maneiras:

- Secular: um vazio de referências religiosas com as quais os judeus estavam acostumados.
- Hedonista: obcecada por coisas materiais, comida e os prazeres da boa vida.
- Objetificação de gênero: mulheres eram vistas como objetos de prazer e desejo.
- Politicamente problemática: a Pérsia era uma monarquia na qual o rei emitia decretos que eram leis.

Foi esse contexto cultural, combinado com o fato de estar longe de sua casa espiritual, que fez o povo de Deus ter a sensação de que estava distante do Senhor.

Ao fim do primeiro capítulo, esses quatro pilares culturais convergem de uma forma que mudará a vida de todos os quatro personagens principais do livro. O rei organizou uma luxuosa festa, na qual bebeu muito vinho. Ele tomou a decisão equivocada de convidar sua mulher, a rainha Vasti, à festa para que seus convidados ficassem impressionados com sua beleza. A recusa dela deixou o rei furioso, então ele emitiu um édito real que bania Vasti de sua presença e a destituía como rainha. Foi como um divórcio. Consequentemente, Xerxes agora estava em busca de uma nova rainha. Por uma reviravolta peculiar, o rei escolheu uma bela mulher judia, Ester. Ela se casou com ele e se tornou a rainha.

O rei não sabia que Ester era judia. Ele também não se importava naquele momento. Casou-se com ela por sua beleza. Mas, pouco depois do casamento, Hamã, o segundo no comando, planejava algo por causa de seu ódio pelos judeus. O primo de Ester, Mardoqueu, contou a ela o plano de Hamã para exterminar por completo os judeus da Pérsia, e mesmo que ela quisesse usar sua influência para fazer com que o rei tomasse uma atitude a respeito disso, não seria fácil.

Nessa cultura que objetificava a mulher e era politicamente problemática, não dava para simplesmente entrar e falar com Xerxes.

Nem mesmo a rainha. Era preciso ser formalmente convidado para estar diante do rei em um aposento para tratar do assunto desejado. Quebrar essa regra geraria consequências sérias, podendo resultar até mesmo em morte.

Ester tinha de dar um jeito de conversar com ele para conseguir impedir o plano louco de Hamã para matar todo o povo judeu. Ela não sabia como fazer isso sem perder a vida, então disse a Mardoqueu que não havia muito que fazer. Era muito arriscado.

Nesse pedaço da história, o tema primário do livro entra em foco. Mardoqueu responde à desistência de Ester: "Pois, se você ficar calada nesta hora, socorro e livramento surgirão de outra parte para os judeus, mas você e a família de seu pai morrerão. Quem sabe se não foi para um momento como este que você chegou à posição de rainha?" (Et 4:14).

Prestemos atenção no que está acontecendo aqui. Mardoqueu diz a Ester que Deus, nunca mencionado na história, providenciará libertação para os judeus. "Socorro e livramento surgirão de outra parte para os judeus." De onde? Quando?

A história do povo judeu se esclarece para eles nesse momento: "De Deus, no tempo dele!" Deus prevalecerá! Mardoqueu diz a Ester para que *confie* e *acredite* nessa promessa. Mesmo que houvesse a sensação de que Deus estava longe e distante, poderia se confiar nele.

Depois, Mardoqueu propõe a Ester que considere uma questão importante: por que, dentre milhares de mulheres, o rei a escolheria, uma mulher judia exilada, para se tornar rainha exatamente em um momento no qual ela poderia salvar seu povo? Coincidência? Mardoqueu acha que não. Ele fala como se pudesse enxergar uma mão invisível e orientadora posicionando as peças no tabuleiro.

É Deus. E ele os está posicionando para a vitória.

Esse versículo em Ester, discreto como é, aponta para Deus. Ele aponta para certo atributo de Deus que os teólogos chamam de providência. É ele, definitivamente, quem está no controle de tudo. Ele tem um plano e está trabalhando para que se realize, mesmo estando nos bastidores. Como disse um acadêmico: "Podemos chegar a apenas uma conclusão (...) Deus estava por trás de tudo. O ensinamento presente em todo o livro [de Ester] é a importância e a extensão da providência de Deus — sua soberania sobre a natureza, nações e indivíduos."[14]

Esses eventos que se desenrolavam ao redor de Mardoqueu e Ester eram caóticos. Eles tentavam sobreviver em uma cultura conturbada. A conjuntura fazia parecer que Deus estava fora de cena. Uma situação desesperadora que só piorou.

Mas o controle de Deus também estava em jogo. Mardoqueu estava extremamente confiante disso. Deus não abandonaria seu povo. E Ester precisava colocar toda a sua fé diretamente na providência de Deus. Confiar em Deus era a chave para que ela salvasse os judeus. Mais à frente, essa fé específica — fé na providência de Deus — seria o alicerce para se superar a sensação geral de que Deus estaria distante.

Quem ou o que está definitivamente no controle?

A providência de Deus é definida da seguinte maneira: "O cuidado e a orientação poderosa e fiel de Deus em relação a tudo que fez para atingir a finalidade planejada."

[15]Nossa fé na providência de Deus é baseada na realidade de que há um plano para este mundo, um plano que não pode ser frustrado, pois está enraizado em um Deus onisciente e onipotente. De acordo com seu plano providencial, Deus usa tudo, até mesmo coisas ruins, para atingir os objetivos que pretende para seu povo.

É a fé nesses aspectos e nessas ações de Deus que a Bíblia enfatiza com frequência. Há boa razão para essa ênfase, pois guia nossas almas do caos deste mundo caído para o sentimento de controle absoluto de Deus.

Muito depois dos tempos de Ester, quando o apóstolo Paulo remeteu à ideia de Deus como Criador e Provedor, tentando fazer com que os filósofos gregos acolhessem o Senhor por quem ele é. Ele disse: "De um só fez ele todos os povos, para que povoassem toda a terra, tendo determinado os tempos anteriormente estabelecidos e os

---

14 Mervin Breneman. *Ezra, Nehemiah, Esther: An Exegetical and Theological Exposition of Holy Scripture* [Esdras, Neemias, Ester: uma exposição exegética e teológica da Escritura Sagrada]. Nashville: Broadman & Holman, 1993, p. 278, 294.

15 Holman Bible Dictionary. "Providence", por Timothy George, acessado em 1/3/2021, https://www.studylight.org/dictionaries/eng/hbd/p/providence.html.

lugares exatos em que deveriam habitar. Deus fez isso para que os homens o buscassem e talvez, tateando, pudessem encontrá-lo, embora não esteja longe de cada um de nós" (At 17:26-27).

Reflita sobre isso. O local no qual você nasceu, em que período da História isso aconteceu, a cidade na qual você vive, a casa que você tem e o rumo profissional que você escolheu — tudo isso faz parte dos "tempos anteriormente estabelecidos" e "lugares exatos" determinados por Deus. É assim que ele age para que você saiba que ele é real e procure conhecê-lo.

Jesus afirmou esse mesmo aspecto da personalidade de Deus quando disse: "Não se vendem dois pardais por uma moedinha? Contudo, nenhum deles cai no chão sem o consentimento do Pai de vocês (...) Portanto, não tenham medo; vocês valem mais do que muitos pardais!" (Mt 10:29,31). A analogia é tão simples que é quase cômica. Nossos medos são mitigados pela providência de Deus. Jesus raciocina logicamente que, se Deus se importa com pequenos pássaros e zela por suas vidas, ele com certeza se importa conosco. Ele é capaz de guiar e zelar absolutamente por nossas vidas também.

> **De acordo com seu plano providencial, Deus usa tudo, até mesmo coisas ruins, para atingir os objetivos que pretende para seu povo.**

A ideia da providência de Deus é claramente resumida nas famosas palavras de Paulo no livro de Romanos: "Sabemos que Deus age em todas as coisas para o bem daqueles que o amam, dos que foram chamados de acordo com o seu propósito" (Rom. 8:28). Convergem-se duas coisas nessa passagem: a habilidade de Deus de agir "em todas as coisas para o bem" e nossa disposição de confiar em sua providência, "seu propósito." A capacidade divina de administrar o tabuleiro de nossa vida deve ser conciliada com nossa coragem de acreditar que ele está apto a fazer isso. Quando essas duas coisas se encontram, elas se tornam a centelha que dispara o tipo de caminhada com Deus que nos ajudará a superar os momentos mais sombrios.

Assim como aquele professor sagaz e sensacional me orientou no dia em que o encontrei caminhando no pátio da faculdade, cada um de nós deve decidir quem está *realmente* no controle das coisas em nossa vida. Somos nós? O destino? As maquinações de nossa cultura moderna e tecnologicamente avançada?

Ou é um Deus pessoal e provedor? O Criador, Sustentador, Rei e Redentor de nossa alma? A resposta a essa pergunta determina a direção e a essência de nossa fé. Também se torna uma poderosa força determinante do tipo de experiência que temos com Deus, especialmente quando sentimos que ele parece distante.

A fé em si é a experiência

A fé na providência de Deus é muito mais importante do que muitos de nós imaginam. Quando o assunto é experimentar a presença de Deus, o que normalmente não entendemos é que a *fé é uma experiência em si*.

Isso é particularmente importante quando as outras experiências desvanecem — quando a oração, a adoração, o serviço, as ofertas, a comunhão e nossa devoção diária não geram mais os mesmos sentimentos e resultados. Ousar focar nossa fé em Deus e então apostar especificamente em seu cuidado provedor para nossa vida torna-se a "estrela-guia" proverbial para superar períodos em que a vida está fora de controle. A fé se torna a experiência em si.

Para que fique claro: não estou apenas dizendo que a fé *leva a* outras experiências (apesar de isso ser verdade). Fé em Jesus, na providência de Deus e em outros aspectos da personalidade divina gera experiências maravilhosas com a Palavra, as orações, a adoração, o serviço, a comunhão, as ofertas, entre outras coisas. A fé gera bênçãos, orientação, sabedoria e todos os outros "resultados" que notamos na equação que vimos no começo do capítulo. A fé, de fato, é a força que nos mantém na caminhada com o Senhor, conduzindo a experiências magníficas com ele.

Entretanto, precisamos compreender que a fé *por si* é uma experiência. Antes mesmo de nos conduzir por caminhos gloriosos até outras vivências, a fé possui suas próprias bênçãos. A fé se torna sua própria bênção.

Isso é importante porque muitas vezes nos lamentamos e negamos o fato de que não estamos experimentando Deus como costumávamos experimentar, quando, na verdade, ele colocou diante de nós oportunidades para reconhecê-lo através da confiança em sua providência. Apostar nessa característica de Deus de maneira voluntária e consciente gera muitos benefícios essenciais para sentir Deus em momentos que ele parece distante.

> **Antes mesmo de nos conduzir por caminhos gloriosos até outras vivências, a fé possui suas próprias bênçãos. A fé se torna sua própria bênção.**

A providência supre

Há três experiências principais relacionadas à profunda confiança na providência divina. Elas reduzem os efeitos dessa cultura de futilidade que nos rodeia.

A providência de Deus traz conforto

O famoso Catecismo de Heidelberg, um conjunto de crenças cristãs organizadas usadas na Alemanha pouco após a Reforma, começa com a seguinte questão complexa: "Qual seu único conforto na vida e na morte?" A resposta: "Que não sou senhor de mim, mas pertenço de corpo e alma, tanto na vida quanto na morte, ao meu fiel Salvador Jesus Cristo. (...) Ele também zela por mim de tal maneira que nenhum fio de cabelo meu cairá se não for a vontade de meu Pai celestial; de fato, tudo deve contribuir para a minha salvação."[16]

A providência divina traz um conforto incrível. Ela nos faz compreender que Deus está no controle e permanece conosco, independentemente do que passemos. Não importa quão estranhas as coisas se tornem à nossa volta, nos consolamos com o fato de que Deus tem um plano que não será interrompido.

Há alguns anos, quando um dos meus filhos adolescentes estava passando por um período sombrio na vida, nossa família enfrentava turbulências. Por anos, eu dizia que, com a ajuda de Deus, eu poderia lidar com qualquer coisa. Mas quando o problema foi com um dos

---

16 Catecismo de Heidelberg, Dia do Senhor 1, Q&A 1, WTS Resources, *www.students.wts. edu/resources/creeds/heidelberg.html*.

meus filhos, minha vida desmoronou. Minha esposa sentia o mesmo. Lembro-me de que costumava dirigir para o trabalho ouvindo música ou algum programa de rádio para espairecer, mas, durante essa época, não havia música ou programa que acalmasse o sofrimento de minha alma. Foi um período difícil para todos nós. Estava muito preocupado com meu filho, e não sabia que fim teria a situação. Foi algo que consumiu a mim e minha esposa.

Em determinado ponto, comecei a focar na providência divina. Acolhi a verdade que, apesar de tudo parecer sombrio, Deus ainda tinha tudo sob controle. Ele não estava surpreso com as dificuldades pelas quais meu filho passava. Não foi pego desprevenido. Ele sabia que isso aconteceria antes mesmo de acontecer. Ele também tinha um plano para o meu filho — seu filho. A promessa de Deus proclamada através do profeta Jeremias me veio à mente: "Porque sou eu que conheço os planos que tenho para vocês", diz o Senhor, "planos de fazê-los prosperar e não de lhes causar dano, planos de dar-lhes esperança e um futuro" (Jr 29:11). Apesar dessa promessa ter sido feita especificamente para Israel em seu período sombrio, não tive dúvidas de me apropriar dela para a nossa família.

Isso produziu calma em meu coração. Era palpável. O controle de Deus sobre a situação era maior do que as escolhas do meu filho. Eu cria que, à medida que a vontade humana se aproxima da vontade de Deus, a bondade divina prevaleceria. Minha esposa se juntou a mim no acolhimento dessa promessa. Ela comprou uma placa com esses versículos do profeta Jeremias e a pendurou em nossa casa em local visível. Toda vez que a olhávamos e acolhíamos a promessa, éramos confortados.

Como escreveu o salmista, "o choro pode persistir uma noite, mas de manhã irrompe a alegria" (Sl 30.5). Com o tempo, a noite passou e nosso filho viu a luz da manhã novamente. Mesmo tendo demorado, boas escolhas foram feitas e a cura aconteceu. Com o tempo, a alegria voltou. Era uma alegria nascida do conforto e presente no acolhimento persistente da providência de Deus. Funciona assim.

Você está passando por cenário parecido no qual alguém que você ama está passando por um período sombrio? Ou você mesmo está enfrentando uma escuridão própria, provocada por situações que você não previu? Se assim for, você entende muito bem que um mundo caído pode criar o caos em sua alma. Ainda assim, você pode sentir o conforto enraizado na fé na promessa de Deus ao acolher sua providência.

A providência de Deus traz esperança

A esperança é uma experiência contida dentro do ato de confiar na providência de Deus. Defino-a da seguinte maneira: "A habilidade de ver além do momento, enxergando aquilo que está oculto." A esperança é um paradoxo no qual você vê o que não dá para se ver. No entanto, nesse paradoxo há confiança. Através da esperança, observamos os horizontes de nossa vida, e mesmo que vejamos apenas nuvens tempestuosas, sabemos que Deus as controla. Mesmo que não tenhamos ideia de como a situação se resolverá, sabemos quem está no controle.

Escondida no livro de Romanos há uma descrição impactante da experiência de Abraão com a fé. Paulo reflete sobre a vida de Abraão e como as coisas não pareciam tão boas. Abraão estava com quase cem anos e sua esposa Sara completara noventa. Muitos anos antes, Deus havia prometido a eles um filho que carregaria a linhagem da família de Abraão e faria dela uma grande nação, mas Sara não conseguia engravidar. De acordo com o *Livro Guinness dos Recordes*, em nossa sociedade moderna, a mulher mais velha a gerar um filho tinha 66 anos, o que só foi possível com a ajuda de fertilização artificial.[17] Aos noventa anos, Sara parecia não ter chances.

O cenário é descrito da seguinte maneira: "Abraão, contra toda esperança, em esperança creu, tornando-se assim pai de muitas nações" (Rm 4:18). É um jogo de palavras. Em esperança, contra toda esperança, Abraão acreditava que Deus cumpriria sua promessa. E assim Deus o fez. Uma mulher de noventa anos engravidou e deu à luz um filho. Eles o chamaram Isaque, que em hebreu significa "risada", pois Sara riu quando Abraão disse a ela que Deus lhe daria um filho.

No clássico filme *Um sonho de liberdade*, o personagem principal, Andy, é condenado injustamente e permanece preso durante décadas. Lá ele se torna amigo de outro prisioneiro, Red. No decorrer do filme, eles discordam a respeito da natureza e do poder da esperança. Red acredita

---

17 "A pessoa mais velha a dar à luz", Guinness World Records 2017, www.guinnessworldrecords.com/world-records/oldest-person-to-give-birth.

que a esperança é perigosa e leva à decepção devastadora quando não se atinge o que se espera. Andy, por outro lado, acredita que a esperança mantém o espírito vivo e restaura seu vigor.

Depois de anos encarcerado, Andy finalmente consegue escapar. Red cumpre sua pena até o fim. Alguns anos depois, após sua liberdade, Red encontra um bilhete de Andy, no qual está escrito: "A esperança é uma coisa boa, talvez a melhor de todas as coisas, e nada do que é bom morre."[18]

Imagine como isso funciona para aqueles que acreditam na providência de Deus! A lógica é infalível: se Deus tem um plano para nossa vida *e* se ele está no controle, então há sempre uma razão para acreditar. A esperança vive na alma de todos aqueles que sabem como Deus é e confiam nele. Ela está contida dentro da fé, que está vinculada à providência divina. Como diz a Bíblia: "Nele temos colocado a nossa esperança de que continuará a livrar-nos [de tal perigo da morte]" (2Cr 1:10).

Confiar na providência de Deus proporciona a experiência da esperança.

A providência de Deus nos dá força

A confiança na providência de Deus nos dá força para perseverar, não se desesperar e continuar no caminho certo. Para não resolver as coisas por conta própria, para repousar nas ações, no tempo e no controle oportuno de Deus. Como coloca o salmista: "Exultem e cantem de alegria as nações, pois governas os povos com justiça e guias as nações na terra" (Sl 67:4). Devemos ficar felizes e nos alegrar diante da providência de Deus sem nos precipitarmos.

Isso é importante. Uma das grandes tentações quando sentimos que Deus parece distante é a de resolver as coisas por conta própria. Pensamos que, se ele deseja se manter longe, devemos fazer a mesma coisa. Como resultado, tomamos decisões e fazemos coisas que conflitam com uma vida dedicada ao Senhor. Esse tipo de reação de

---

18 Frank Darabont, *The Shawshank Redemption* (roteiro), cena 292. The Daily Script, *http://www.dailyscript.com/scripts/shawshank.html*.

independência é uma vulnerabilidade própria de períodos nos quais há a sensação de distância de Deus.

Ao observarmos a história de Abraão e Sara, vemos que eles enfrentam dificuldades nesse quesito. Em certo momento, quando estão impacientes com o tempo de Deus, decidem resolver por si mesmos. Decidem que Abraão conceberá um filho com a serva de Sara, Agar, que engravida e dá à luz Ismael. Só que ele não era o filho prometido a eles por Deus, como o Senhor deixou claro para Abraão e Sara. Para piorar as coisas, surgiram conflito e inveja entre Sara e Agar, pois agora ambas estavam vinculadas a Abraão. Foi apenas através de uma fé revitalizada na promessa de providência divina que Abraão encontrou as forças para parar de tentar resolver as coisas à sua maneira e confiar nos planos de Deus.

Quando me lembro da época sombria quando minha própria família passava pelo caos, também experimentei a tentação de me afobar. Havia um desejo forte de tentar resolver as coisas com as próprias mãos sem a intervenção de Deus. No entanto, Deus tem seu próprio tempo. É como uma caminhada, não uma maratona. Apesar de ser difícil deixar tudo no controle de Deus, descobri que era muito melhor do que minhas ideias equivocadas. A compreensão e a confiança na providência de Deus me deram forças para não me precipitar. Força para aguentar e perseverar.

Há alguma situação em sua vida em que você se sente inclinado a tentar assumir o controle? Há alguma coisa que Deus está pedindo que você confie a ele?

Com uma fé focada na providência divina, você pode encontrar força.

A providência se sobressai sobre a cultura

A mensagem de Ester é de que a providência de Deus é digna de confiança. É a base de toda a história. Da mesma maneira, a providência de Deus é mais do que suficiente para lidar com qualquer coisa que enfrentemos. Desde uma cultura louca, passando por problemas da vida até os períodos nos quais experimentamos a sensação de estarmos distantes de Deus, acolher essa manifestação da providência divina oferecerá o conforto, a esperança e a força de que você precisa para ir além da sobrevivência, para prosperar.

Quando eu era criança, dormia tranquilamente. Ao refletir a respeito disso já adulto, percebo que sentia segurança, em grande parte, por causa da presença de meu pai na casa. Ele estava sempre no controle. Trabalhava duro durante o dia, sustentava bem a família, estava em casa na hora do jantar e trancava as portas à noite. Eu me sentia são e salvo dentro da casa.

> **Acolher essa manifestação da providência divina oferecerá o conforto, a esperança e a força de que você precisa para ir além da sobrevivência, para prosperar.**

Uma coisa curiosa: de todos os quartos das crianças, o meu era o *mais longe* do quarto dos meus pais. Era do lado oposto da casa — seguia até o fim do corredor, virava à esquerda e continuava até o fim. Mas, apesar do quarto deles ser fisicamente *distante* do meu, eu ainda me sentia seguro. Por quê? Meu pai estava na casa e tinha tudo sob controle. A confiança que eu depositava nisso me trazia conforto, esperança e força, apesar da distância. Minha confiança no controle que meu pai tinha das coisas me permitiu sentir sua presença durante a noite.

No nosso mundo caído e em nossa cultura turbulenta, é fácil sentir que as coisas saíram do controle. De forma semelhante, às vezes é fácil ter a sensação de que Deus está longe. Mas ele continua na casa.

Podemos descansar sãos e salvos se confiarmos que ele está no controle. No que diz respeito à superação da sensação de que Deus está distante, essa confiança na providência divina se torna o alicerce a partir do qual tudo será construído.

SEGUNDA MANEIRA
Escolhendo a humildade ao invés do orgulho

> "Aquele que é humilde sempre
> terá Deus como seu guia."
> John Bunyan

"Você está demitido."

Essa frase é uma das piores coisas que alguém pode ouvir. Ela normalmente nos pega de surpresa. Talvez seja menos ruim ouvir: "Seus serviços já não são mais necessários"; ou: "Agradecemos por tudo que fez por nós, mas você será desligado da empresa." Mas o resultado seria igualmente desconcertante.

Acredite em mim, já passei por isso. Ser demitido foi uma experiência difícil e desanimadora que nunca vou esquecer. Durante o seminário, eu trabalhava para uma organização nacional de jovens como líder do *campus*. Meu trabalho era preparar eventos semanais para divertir adolescentes: competições culinárias, atividades esportivas, encontros de clubes, coisas assim. Conforme me envolvesse com os alunos durante os eventos, eu deveria iniciar uma conversa com eles a respeito de Jesus.

Na teoria, o trabalho parecia adequado para mim. Eu era relativamente novo na fé cristã. Estudava para ser um pastor, e me formara fazia pouco tempo no Ensino Médio. Ainda tinha um jeitão *descolado* que hoje meus filhos dizem que não existe mais.

Em uma tarde ensolarada, meu supervisor me enviou a um treino de futebol universitário para acompanhar um de nossos eventos. Toda a equipe estava lá, devorando hambúrgueres, e eu deveria tomar a iniciativa para confraternizar com eles em seu território. Eis o problema: foi lá que minha ansiedade surgiu de repente. Não havia dúvidas:

amar Deus e as pessoas era meu ponto forte. Ainda assim, eu era um bobo inseguro que se importava demais com o que os outros pensavam de mim. E Enfrentava aquela carência típica da adolescência por aceitação e aprovação das pessoas. No estacionamento, fiquei sentado no carro, suando, enquanto assistia ao jogo. Meus medos transbordavam. E se eles me achassem um estranho? E se me rejeitassem? E se todo esse papo de Deus os afastasse de mim? Eu estava com medo da reação deles à minha presença como o sujeito religioso que estava ali para falar de Deus. Assombrado pelo medo, fui embora, esperando que ninguém notasse.

Odeio admitir, mas não foi a única fez que me acovardei. Não demorou muito para que meus supervisores observassem o descompasso entre os eventos que eu organizava e a falta de envolvimento religioso com os adolescentes. Minhas inseguranças eram óbvias, e a falta de coragem para me relacionar era evidente. O relatório chegou à diretoria da organização, e o líder regional marcou uma reunião. Aquela conversa poderia me motivar ou acabar comigo, pois eu estava fragilizado.

No encontro, o diretor regional falou de meu fraco desempenho e concordamos que eu precisaria ser mais corajoso, se quisesse cumprir a tarefa. Ele disse que a organização continuava achando que eu tinha o que era necessário para aquele ministério, mas precisava de uma forte mentoria para chegar lá. Falou que, se eu estivesse disposto a deixar o seminário temporariamente de lado e me tornar funcionário integral da organização, isso lhes daria o tempo que precisavam para me ajudar a crescer. Estavam dispostos a investir em mim.

Eu respondi ao diretor regional que meu pai estava pagando o curso sob a única condição de que eu me formasse. Se eu abandonasse, o financiamento acabaria. Por isso, eu não poderia largar a faculdade.

Então ele disse: "Você pode considerar esse seu último dia na organização."

A vergonha que senti em minha alma amedrontada e envergonhada foi esmagadora. Eu não sabia o que dizer. Queria me esconder embaixo da mesa. Mais do que isso, queria sair de lá o mais rápido possível. Antes que eu pudesse fazer qualquer coisa, o diretor me disse algo que mudou tudo: "Tenho certeza de uma coisa, Jamie. Você superará muitas de suas inseguranças e se tornará um grande pastor um dia. Acredito nisso. Ou melhor, tenho certeza disso. A mão de Deus está sobre você. E daqui a alguns anos, quando eu ouvir a respeito de tudo o que Deus está fazendo em você e através de você, direi para as pessoas: 'Nós fizemos parte disso. Olhe para ele agora'."

Escrevi esse parágrafo anterior em prantos. Mesmo ao me demitir, suas palavras profundamente assertivas se tornaram algo definidor do percurso de minha recuperação.

Com o passar do tempo, ao refletir sobre aquele encontro, continuo impressionado sobre quão *humilde* era aquele homem. Ele tinha o poder de me destruir, de me colocar no meu lugar e me obrigar a escolher entre me engajar no programa ou desistir. Ao longo dos anos, ouvi em primeira mão histórias tristes de pessoas arrogantes usando seu poder para passar por cima dos outros.

O diretor regional era diferente. O foco dele era na própria condição. Ele se concentrava em sua compreensão de quem era Deus e de quem ele mesmo era. Ele tinha uma personalidade humilde, e ainda assim era um líder forte e capaz. Foi sua humildade que me permitiu receber suas palavras de demissão junto às palavras de assertividade. Sem essa humildade, tenho certeza de que minhas defesas reagiriam e minha língua jovem se revoltaria. Sua humildade me aproximou dele, mesmo que me demitisse por coisas que eu não entendia por completo na época.

A humildade funciona assim. Ela quebra defesas. Constrói pontes. Aproxima os outros. Faz com que as pessoas queiram estar conosco — e nós com elas. Mesmo quando temos que fazer ou falar coisas complicadas, a humildade continua sendo a melhor maneira de manter a conexão forte e estável.

> **A humildade funciona assim. Ela quebra defesas. Constrói pontes. Aproxima os outros. Faz com que as pessoas queiram estar conosco — e nós com elas.**

A maioria de nós já teve experiências na vida que nos revelaram essa verdade: um parente cuja humildade nos aproximava dele; uma esposa cuja humildade se tornou um agente de cura em nossa vida; um amigo ou colega de trabalho cuja humildade criou um ambiente seguro para que pudéssemos ser nós mesmos; ou, como aconteceu comigo, um chefe cuja humildade pavimentou a estrada da recuperação e do crescimento. Vivemos pessoalmente essa capacidade que a humildade tem de erguer pontes.

A humildade funciona na dimensão humana. Portanto, não é nenhuma surpresa que seja ainda melhor na dimensão divina. Humildade é uma forma de superar a sensação de que Deus está distante, porque ela nos aproxima dele.

Um contraste de atitudes

Na história de Ester, o tema da humildade é introduzido logo no início. A partir da premissa de que há confiança na providência de Deus, a narradora da história apresenta dois tipos de atitude bem diferentes um do outro, e que mesmo hoje em dia são cruciais para se superar os períodos nos quais sentimos que Deus parece distante. A história mostra que há uma *escolha* a se fazer quando se experimenta essa sensação. Uma escolha entre uma atitude baseada em orgulho ou em humildade.

Cada escolha leva a uma experiência muito diferente com Deus.

O orgulho ferido explica o motivo de o rei ter banido a rainha Vasti por ela ter se recusado a ser exibida como um troféu em sua festa. Seus jovens criados aliviaram seu orgulho ao propor que se buscasse em seu reino virgens jovens e belas para reuni-las em Susã e colocá-las no harém de Xerxes. Lá elas seriam preparadas sob o olhar atento de Hegai, o eunuco real, e competiriam para ver quem seria escolhida como a próxima rainha. Quando ouviu essa ideia, "esse conselho agradou o rei, e ele o acatou" (Et 2:4).

Lembremos que os quatro pilares que sustentavam a cultura persa da época eram o secularismo, o hedonismo, a objetificação de gênero e a política problemática. Todos se encontram em abundância nessa passagem. Não há menção de nada religioso. Tudo era centrado no prazer do rei. E o conselho dado a ele foi pensado unicamente para satisfazer seu ego.

Indo mais fundo na questão, é tudo baseado em *orgulho* — o orgulho de Xerxes, especificamente, que foi ferido quando Vasti não satisfez os desejos do rei. E é esse orgulho que o levou a buscar a satisfação de seus prazeres.

O orgulho nasce quando só nos preocupamos com nosso "eu". Orgulho é nos tornarmos arrogantes. É exagerar na autoestima, é ter uma visão ilusória de nós mesmos. É por causa do orgulho que queremos que tudo gire ao nosso redor, mesmo que custe ignorar os outros ou mesmo Deus. O orgulho é o suprassumo do narcisismo. Todos nós o reconhecemos quando o vemos. Claramente, o rei Xerxes estava sendo movido por orgulho.

Ester e seu primo Mardoqueu entram no meio dessa história carregada de orgulho. O contraste entre o caráter deles e o do rei não poderia ser mais gritante. Durante o restante do capítulo 2 existem vários exemplos de *humildade* que servem como sinal de oposição contra o orgulho de Xerxes. Por exemplo, os dois são apresentados da seguinte maneira:

> Mardoqueu tinha uma prima chamada Hadassa, que havia sido criada por ele, por não ter pai nem mãe. Essa moça, também conhecida como Ester, era atraente e muito bonita, e Mardoqueu a havia tomado como filha quando o pai e a mãe dela morreram.
> (Et 2:7)

Mesmo Mardoqueu sendo primo de Ester, ele a adota como filha e a trata com cuidado e respeito. O rei nunca foi conhecido por se importar com membros da família passando por necessidade — só por usar as pessoas para seus próprios desejos. Mardoqueu, pensando além de si, acolheu Ester e cuidou dela de forma paterna. Ao contrário de ter uma imagem pessoal contaminada pelo orgulho, a humildade gera uma visão comedida de si mesmo.

Como disse Charles Spurgeon, famoso pastor do século 19: "Humildade é considerar a si mesmo na medida certa." [19] O Novo Testamento confirma essa definição de humildade com um alerta: "Ninguém tenha de si mesmo um conceito mais elevado do que deve ter; mas, pelo contrário, tenha um conceito equilibrado" (Rm 12:3).

Mardoqueu tinha esse "pé no chão". Não se enxergava apenas como primo de Ester, mas também como protetor e figura paterna.

---

19 Charles Haddon Spurgeon. *Spurgeon's Sermons* [Sermões de Spurgeon], vol. 2 (1856; reimpr.) Ingersoll, Ontario: Devoted Publishing, 2017, p. 283.

Não tirou proveito da situação de maneira que pudesse se beneficiar ou ao seu ego. Ao invés de optar por seduzir a prima (o que era comum na cultura da época), ele escolheu adotar uma postura paternal. A humildade — considerando a si mesmo na medida certa — permitiu que Mardoqueu tivesse essa perspectiva.

Vemos outro exemplo de humildade por parte de Ester. Quando o servo reuniu as mulheres mais bonitas da Pérsia, por um ano inteiro ele as fez passar por algo que só pode ser descrito como uma transformação radical. O texto diz que cada mulher passou por "doze meses de tratamento de beleza prescritos para as mulheres, seis meses com óleo de mirra e seis meses com perfumes e cosméticos" (Et 2:12). Contudo, Ester já era bela. Ela "era atraente e muito bonita" (Et 2:7).

Quando chegou a sua vez de passar por essa transformação para ver o rei, é interessante o que acontece a seguir: "Quando chegou a vez de Ester, (...) ela não pediu nada além daquilo que Hegai, oficial responsável pelo harém, sugeriu. Ester agradava a todos os que a viam" (Et 2:15). O que não podemos deixar de notar aqui é que Ester estava à vontade. Ela era humilde a respeito de sua aparência. Achava que não precisava de mais nada para realçá-la. E em mais uma atitude de humildade, escutou o sábio conselho de alguém que conhecia o rei. Não há nenhum traço de orgulho nessa passagem bíblica, mesmo ela tendo motivos para ser orgulhosa.

Tanto Mardoqueu como Ester mostraram que não exageravam na autoestima. Eles sabiam os dons que poderiam oferecer ao mundo e suas limitações. Nenhuma falsidade era necessária. Mardoqueu foi protetor e sábio para sua jovem prima. Tinha segurança de qual era sua função. Não era preciso ir além. Ester talvez pudesse ser considerada a Miss Universo 480 a.C., e ainda assim, não queria nada mais que o necessário para ajudar o povo judeu. Compare isso com o rei, que não continha seu orgulho ao buscar o próprio prazer. Vemos claramente a linha que os separa. É o caráter baseado no orgulho colocado contra o caráter baseado na humildade.

A providência sorri para a humildade

É muito importante entender esse princípio ao passarmos por períodos em que sentimos que Deus está distante. Muitas pessoas não abrem espaço para a humildade em nossa sociedade moderna, baseada em rapidez, sucesso e competitividade. Acham que é coisa de gente fraca, algo que as limitará, que comprometerá seu objetivo e sua ambição. Isso não poderia estar mais longe da verdade. Conforme se desenrola a história do livro de Ester, vemos que ela e Mardoqueu demonstram muita energia e força. A liderança e a sabedoria dos dois se tornarão evidentes por intermédio da humildade, e não apesar dela.

O mais importante é que a humildade permitirá a eles aguentar firme e vivenciar Deus novamente. Humildade é uma das ferramentas fundamentais que Deus nos deu para superar as épocas nas quais ele parece distante. A humildade constrói pontes na dimensão humana assim como faz na dimensão divina. Deus ama a humildade e a usará para nos aproximar dele, principalmente quando o sentirmos distante.

Tiago declara: "Mas ele [Deus] nos concede graça maior. Por isso a Escritura diz: 'Deus se opõe aos orgulhosos, mas concede graça aos humildes'" (Tg 4:6). Perceba que essa passagem flui da seguinte maneira: positivo-negativo-positivo.

Começa positiva ao nos dizer que Deus deseja nos dar mais graça. Graça é uma dádiva de Deus. É sua bênção. Nós a recebemos todas as vezes que ele nos mostra seu amor e revela sua atividade em nossa vida. O resultado da graça é quase sempre uma sensação maravilhosa da presença de Deus. Como poderia ser diferente?

Agora, a parte negativa: essa passagem afirma, logo em seguida, que existe uma coisa básica e garantida que impede essa graça de chegar até nós — o orgulho. Ele repele Deus. O Senhor não se aproxima de nós quando estamos cheios de orgulho. Como vimos, o orgulho só quer saber de si. É uma questão de nos enaltecermos demais e nos tornarmos arrogantes. Deus não gosta disso. O orgulho é um obstáculo para sua bondade e seu cuidado em nossa vida. No que diz respeito a Deus, o orgulho é um repelente. Nossa experiência com o Senhor se dá por meio da graça, mas nosso orgulho se coloca no caminho.

O que fazer, então? A passagem do livro de Tiago termina apontando algo positivo: *humildade*. Deus oferece sua graça (sua dádiva, bênçãos e a sensação de sua presença) para aqueles que se mostram humildes (aqueles com autoestima na medida certa). Quando você se sentir distante de Deus, o orgulho pode nem sempre ser a razão, mas a humildade é sempre a solução. Essa verdade nos traz uma clareza que permite que enxerguemos mais longe.

> **Quando você se sentir distante de Deus, o orgulho pode nem sempre ser a razão, mas a humildade é sempre a solução.**

Deus se aproxima daqueles que conhecem seu lugar dentro do grande plano divino, daqueles que sabem quem ele é (provedor e digno de nossa fé), que sabem quem são (abençoados, mas não a própria fonte da bênção) e aprendem a viver à luz dessa realidade. De um jeito muito verdadeiro, a humildade nos coloca diretamente no caminho da graça do Senhor, na posição privilegiada de experimentar Deus novamente. No que se refere a Deus, a humildade permite estarmos no lugar certo e na hora certa. Ela desencadeia uma experiência de graça divina em nossa vida.

Ester e seu povo verão a luz da manhã novamente. Eles superarão o sentimento de distância de Deus e celebrarão sua bondade. Mas não se engane: na situação desesperadora em que se encontram, qualquer bondade que Deus lhes conceder será baseada na escolha que fizerem a favor da humildade. A providência sorri para a humildade.

Um ensinamento da natureza

Você já parou para olhar para um daqueles aquários sofisticados em algum aquário público ou restaurante chique? Dois dos peixes que mais chamam atenção das pessoas são o baiacu e o acará. São duas espécies belas e únicas. Também são muito diferentes entre si.

O baiacu, também conhecido como peixe-balão, parece um peixe como outro qualquer à primeira vista, mas é capaz de se inflar bastante seu corpo. Faz isso ao encher o estômago elástico de água e ar. É um mecanismo de defesa que faz com que pareça duas ou três vezes maior do que realmente é. E apesar de parecer fascinante e belo, é enganoso. A maioria dos baiacus contém uma substância tóxica que faz com que tenha um sabor desagradável para outros peixes. Essa toxina também é altamente letal. Em um baiacu há toxina suficiente para matar três adultos. O veneno é 12 vezes mais mortal que o cianeto, e não existe antídoto conhecido.

Qual o meu objetivo com isso? Baiacus são bonitos de se ver, mas é sábio evitá-los. A maioria dos peixes no oceano sabe disso.

Os acarás são o oposto. Eles também são fascinantes e belos, mas são relativamente calmos e dóceis. Podem ter diversos formatos, tamanhos e cores, tão variadas quanto as do arco-íris. Eles se dão bem com outros peixes, por isso os vemos misturados com outras espécies nos aquários. Todos gostam dos acarás. Eles são divertidos de se ver.

O que descobri é que as pessoas podem ser como baiacus ou acarás. Quando agimos como baiacus, inflamos de orgulho para que pareçamos maiores do que realmente somos. Exageramos sobre nossas conquistas. Ficamos soberbos em relação a certas características de nossa personalidade. Tentamos fazer parecer que somos maiores e melhores do que aqueles à nossa volta. E o veneno é liberado. Torna nossa presença desagradável para aqueles ao nosso redor.

Infelizmente, o veneno do orgulho também repele a Deus, que quer nos dar sua graça. Quando agimos como baiacu, a maioria das pessoas quer distância de nós. No entanto, quando agimos como acarás, há uma atração natural. Os outros notam nossa beleza única e nosso diferencial — mesmo comparados a outros acarás ao nosso redor. Com nossas cores naturais e brilhantes dadas por Deus em evidência, as pessoas querem estar perto de nós. Deus também deseja se aproximar. Quando temos noção de quem somos na medida certa, há espaço para a glória e a bondade dele.

Qual categoria melhor descreve você: o baiacu ou o acará? Como você acha que Deus enxerga sua vida?

A sutileza do orgulho

Entretanto, devemos ser cuidadosos. Nesse momento, é tentador pensar: "Bem, sou obviamente um acará. Quero dizer, não sou como o Xerxes da história. Não sou um egoísta total que só quer saber de prazer a qualquer custo. Sou mais humilde que isso. Acho que escapei do perigo que é a sensação de distância produzida pelo orgulho."

O que precisamos reconhecer, porém, é que o orgulho pode ser sutil. Pode surgir quando estamos nos sentindo bem e pode invadir nossa alma quando menos esperamos. Como meu pai gostava de dizer quando eu era criança: "A linha entre a confiança e a arrogância é tênue, e a maioria das pessoas não sabe quando a cruza."

O que notei no decorrer dos anos, tanto em mim quanto em outros cristãos, é que podemos ser orgulhosos sem perceber. Mesmo sendo seguidores de Jesus e tendo um bom coração, agimos como o baiacu com mais frequência que percebemos. Talvez até mesmo *por sermos* crentes de bom coração. Nós nos sentimos bem por tudo que fazemos para viver uma vida cristã, assim como sobre nossas várias tentativas de fazer nossa parte na equação investimento/resultado já mencionada. Também nos sentimos bem sobre nossa vida, especialmente ao compará-la com a das pessoas ao nosso redor. E apesar de não haver nada de errado em nos sentirmos bem a respeito das tentativas bem-intencionadas de seguir a Jesus, há uma linha tênue entre se sentir-se bem e se sentir superior.

Aqui estão alguns sinais que indicam que talvez tenhamos cruzado essa fina linha em direção ao orgulho:

- Criticar aqueles que não estão fazendo tanto quanto a gente.
- Ficarmos excessivamente irritados com aqueles à nossa volta que não compartilham os mesmos valores ou não suprem nossas expectativas.
- Ficarmos satisfeitos com nossas tentativas de vivenciar a fé, as quais julgamos legítimas. Podemos até achar que fizemos o suficiente.
- Descobrirmos que aqueles que nos conhecem bem não se impressionam tanto com nossas grandes estratégias espirituais, e que olham para nós com descaso por enxergarem a duplicidade em nossas atitudes.
- Descobrirmos que, mesmo nos sentindo bem a respeito de nossas atitudes, continuamos achando que Deus está distante.

Qualquer um desses sinais pode e deve servir como aviso de que pode haver algo errado por trás de nossas escolhas e atitudes.

Balanço diário

Umas das coisas que faço toda noite é o que chamo de *balanço diário*. Conforme reflito sobre o meu dia, analiso duas coisas: como **eu** me *relacionei* com as pessoas e como *interpretei* o mundo ao meu redor. Analiso minhas relações e minhas atitudes.

No que se refere a cada interação que tive durante o dia, reviso as conversas e me pergunto: "Fui um bom ouvinte? Disse algo indelicado ou injusto? Tentei me enaltecer às custas da pessoa com quem eu interagia? Agi mais como Jesus ou como o antigo Jamie?" Resumindo, analiso minhas relações para discernir orgulho de humildade.

Em seguida, faço o mesmo com minhas atitudes. "O que pensei quando saí daquela reunião estressante? Como as notícias afetaram minha perspectiva sobre o mundo e a cultura ao meu redor? Como me comportei enquanto dirigia?"

Como se pode imaginar, muitas vezes minha consciência pesa. É quando o Espírito de Deus se manifesta. Percebo, então, que disse ou pensei algo injusto ou inapropriado para com outra pessoa. À medida que confesso essas falhas ao Senhor, também faço notas mentais sobre coisas que preciso corrigir. Vez por outra, ainda reúno forças e envio um e-mail rápido ou uma mensagem para a pessoa que magoei com meu orgulho. Na maioria das vezes, a pessoa diz: "Ah, bem... obrigado. Nem foi tudo isso." Mas sei que não é assim. Ainda que um pequeno comentário ou um pensamento aparentemente positivo possam não parecer muita coisa num cenário mais amplo, quando são somados e conectados no decorrer do dia, da semana, do mês ou do ano de alguém, eles se tornam a diferença entre uma vida baseada em orgulho ou em humildade. Nossa alma precisa ser fiscalizada, auditada. Como aprendi anos atrás, precisamos prestar contas.

Esse balanço diário é um exercício de introspecção que faço todas as noites. É aquilo a que os escritores mais experientes se referem como "fazer a gestão do espírito". É uma questão de não ter medo de olhar para dentro e ser honesto a respeito do que se encontra lá.

O escritor de Provérbios se antecipa a nós nessa questão quando escreve: "Os propósitos do coração do homem são águas profundas, mas quem tem discernimento os traz à tona" (Pv 20:5). Para mim, esse balanço diário me permite monitorar meus propósitos e trazê-los à tona de forma consistente. Ele me permite arrancar um pouco do orgulho oculto que se espalha facilmente em meu coração e em minha mente. E quando faço isso, me sinto mais próximo de Deus.

> A estrada da humildade, embora não seja rápida, coloca você no caminho certo para sentir a proximidade de Deus novamente. Quando somos humildes, a graça dele repousa sobre nós.

Incentivo você a investir em um balanço diário de suas relações com terceiros e dos pensamentos que constituem suas atitudes. Sempre que você escolhe fiscalizar suas relações e a forma como interpreta a vida, isso lhe permite traçar uma linha entre o orgulho que cria distância e a humildade que gera proximidade.

A estrada da humildade, embora não seja rápida, coloca você no caminho certo para sentir a proximidade de Deus novamente. Quando somos humildes, a graça divina repousa sobre nós. E o objetivo é que seja sentida e reconhecida.

TERCEIRA MANEIRA
Fazendo a coisa certa do jeito certo

> "Faça a coisa certa. Isso agradará
> alguns e surpreenderá os demais."
> Mark Twain

Em 1990, quando eu era pastor em uma igreja do centro-oeste dos Estados Unidos, havia um colega em nossa congregação que, pelo menos à primeira vista, era uma pessoa comum. No entanto, é alguém que sempre terá um lugar especial na minha vida depois de algo que ele *fez*.

Um dia, ao nos reunirmos em um restaurante local, perguntei a ele o que fazia para ganhar a vida. Disse-me que era dono de um pequeno negócio na indústria de tecnologia — em ascensão na época —, mencionando, por acaso, que era sua segunda empresa. Disse também que *startups* podem ser um risco, e que, em seu primeiro empreendimento, o dinheiro lhe subiu à cabeça. Ele teve de fechar e começar de novo. "Mas ainda devo aos meus credores uma quantia substancial, e levará anos até que eu pague a eles", comentou.

Tendo crescido em uma família com espírito empresarial, eu sabia um pouco a respeito de empresas. Então perguntei por que ele não declarava falência para se proteger e encerrava logo o assunto. Meu amigo disse: "Para mim, isso não era uma opção. A maioria dos meus credores era local, pequenos comerciantes como eu. Eu os conhecia e eles me conheciam. Prometi a eles que pagaria pelo crédito e pelas mercadorias que eles me emprestaram, e é isso que pretendo fazer. Leve o tempo que levar." Ministrei naquela área por quase uma década. Quando saí, ele ainda estava pagando o que devia. Até onde eu saiba, pagou cada centavo.

No decorrer dos anos, conheci algumas outras pessoas que trilharam uma jornada semelhante à do meu amigo. Elas não achavam que utilizar leis de proteção era errado — essas leis existem por um motivo, afinal —, mas, para eles, era melhor suportar a perda pessoal e pagar o que foi prometido. Há algo de inesquecível nisso. Há algo em ir contra a corrente e fazer o que se acha correto — mesmo que a perda pessoal seja grande — que me atrai nessas pessoas.

Fazer a coisa certa do jeito certo tem tudo a ver com superar a sensação de que Deus está distante.

> **Fazer a coisa certa do jeito certo tem tudo a ver com superar a sensação de que Deus está distante.**

O alto custo de fazer o que é certo

As duas primeiras maneiras de superar a sensação de que Deus parece distante tocam questões internas a respeito de nosso estado de espírito — a confiança na providência divina e o caráter baseado em humildade. A terceira maneira foca mais no que você *faz* e em como você *age*. Apesar de ser custoso e árduo, escolher fazer a coisa certa do jeito certo é indispensável quando lidamos com períodos nos quais sentimos que Deus parece distante.

Paramos a história quando Ester foi escolhida para ser rainha e Mardoqueu sabiamente disse a ela que não revelasse sua fé judaica para o rei. Naquele tempo, o povo judeu era colonizado. Deportados de sua terra natal, os judeus eram, quando muito, membros de segunda categoria da sociedade persa. Na pior das hipóteses, nem membros eram. Eles eram tolerados, mas não se confiava neles plenamente. A fé que tinham em Deus e em seus mandamentos não era bem-vista nem respeitada. Os costumes judaicos eram alheios aos costumes persas. Isso criou um conflito que se torna central no livro de Ester:

> Depois desses acontecimentos, o rei Xerxes honrou a Hamã, filho de Hamedata, descendente de Agague, promovendo-o e dando-lhe uma posição mais elevada do que a de todos os demais nobres. Todos os oficiais do palácio real curvavam-se e prostravam-se diante de Hamã, conforme as ordens do rei. Mardoqueu, porém, não se curvava nem se prostrava diante dele.
>
> Ester 3:1-2

Como o antagonista de nossa história, Hamã claramente era um baiacu. Como Xerxes, ele estava consumido por si mesmo, seu *status* e seu poder. O orgulho estava no centro do palco de sua alma. A raiva era o que o movia, e quando o enganavam, ele retribuía. O orgulho e a vingança, fórmula pela qual Hamã exercia sua liderança, não eram uma boa combinação. Na cultura persa, ajoelhar-se diante de outro ser humano era uma demonstração de submissão e devoção absoluta. Ajoelhar-se era uma exigência quando alguém estava na presença do rei ou de alguém de seu círculo interno.

No entanto, para Mardoqueu, ajoelhar-se era algo que deveria ser feito apenas diante de Deus, nunca de outro ser humano. Os dois primeiros mandamentos dados a Moisés não poderiam ser mais claros: "'Não terás outros deuses além de mim. [...] Não te *prostrarás* diante deles nem lhes prestarás culto, porque eu, o Senhor teu Deus, sou Deus zeloso" (Êx 20:3,5). Muitos acadêmicos concordam que a consciência plena nesses mandamentos é o que motivou Mardoqueu em sua recusa de se ajoelhar diante de Hamã. Mardoqueu não deixava de fazê-lo por insubordinação, mas porque estava seguindo o que era definido na Palavra de Deus como certo. Ele estava seguindo as leis de Deus, mesmo que isso gerasse conflito com os costumes humanos.

A recusa de Mardoqueu de se ajoelhar diante de Hamã teve repercussão séria e com risco à vida de todos os judeus que viviam na Pérsia. Hamã ficou enfurecido. Seu orgulho foi ferido. E seguindo sua fórmula, a retaliação foi desproporcionalmente severa:

> Quando Hamã viu que Mardoqueu não se curvava nem se prostrava, ficou muito irado. Contudo, sabendo quem era o povo de Mardoqueu, achou que não bastava matá-lo. Em vez disso, Hamã procurou uma forma de exterminar todos os judeus, o povo de Mardoqueu, em todo o império de Xerxes.
>
> Ester 3:5-6

Naquele tempo, havia cerca de um milhão de judeus dentro e ao redor do vasto império da Pérsia. Isso representava a maioria dos judeus do mundo. Por causa do que foi interpretado como um desrespeito de Mardoqueu, Hamã planejou a aniquilação completa do povo judeu.

Tudo por causa do simples ato de um homem que decidiu seguir a lei divina. O próximo trecho revela o plano de Hamã: "No primeiro mês do décimo segundo ano do reinado do rei Xerxes, no mês de nisã, lançaram o pur, isto é, a sorte, na presença de Hamã para escolher um dia e um mês para executar o plano, e foi sorteado o décimo segundo mês, o mês de adar" (Et 3:7).

Por fazerem parte de uma cultura supersticiosa, os antigos persas tomavam algumas decisões rolando os dados. Purim era simplesmente um dado persa feito de pedra marcada. Naquela época, as pessoas encontravam um direcionamento de acordo com a maneira como o purim parava depois de lançado. Conforme Hamã jogou os dados, ele determinou o dia em que os judeus seriam exterminados.

Mesmo faltando meses para a data, isso deu tempo para que Hamã mobilizasse os persas para cometer um genocídio contra os judeus. O resto do capítulo 3 de Ester conta como Hamã conseguiu fazer com que o rei seguisse com seu plano, convencendo-o de que os judeus se opunham às leis persas, o que não era bem a verdade. Ele ainda pagou ao rei pelo direito de executar seu plano. O rei selou a ordem com seu anel — como se assinasse um contrato hoje em dia —, e foi disseminado na Pérsia que os judeus seriam destruídos.

Se alguma vez o preço de se fazer a coisa certa foi alto, esse é o caso.

> Mardoqueu não deixava de ajoelhar-se diante do rei por insubordinação, mas porque estava seguindo o que era definido na Palavra de Deus como certo. Ele estava seguindo as leis de Deus, mesmo que isso gerasse conflito com os costumes humanos.

A grande reviravolta

As ações de Mardoqueu apontam o caminho em nossa jornada para seguir a Deus quando ele parece distante. Existe uma tentação de se pensar: "Por que Mardoqueu simplesmente não ajoelhou? Ele podia fazer só por fazer. Deus entenderia. Era questão de vida ou morte. Teria poupado milhares de pessoas, não apenas Mardoqueu, de muito medo e luto."

Ao observarmos detalhadamente a iniciativa de Mardoqueu, prestemos atenção em duas coisas:

- Mardoqueu fez o que era certo baseado na bússola moral de Deus, como é encontrado em sua Palavra, as Escrituras judaicas.
- Mardoqueu fez o que era certo, independentemente do possível custo.

Esses dois mandamentos estavam profundamente enraizados no psicológico judeu. Desde Abraão, os judeus foram ensinados que, quando Deus diz que algo é certo, é certo. Quando ele diz para agir, aja, seja para oferecer seu filho no altar, para deixar o Egito e seguir até a Terra Prometida, para parar de se lamentar no deserto ou para batalhar e confiar em Deus que saíra vitorioso. Existem centenas de cenários no Antigo Testamento nos quais Deus revela sua bússola e espera que seu povo a siga.

E apesar de haver um custo por segui-lo, sempre vale a pena. Como poderia não valer? Eles estavam seguindo Deus. Se quisessem se manter próximos dele, deveriam segui-lo baseados na bússola moral que o Senhor definira. Assim o faziam, independentemente das possíveis consequências. O que Mardoqueu estava fazendo era simplesmente seguir o padrão que todos os judeus aprenderam — um padrão que serviu nos altos e baixos de sua história. Na verdade, nunca dava certo quando eles quebravam o modelo, especialmente no tocante ao sentimento de proximidade do Senhor.

Nossa cultura moderna inverteu esse padrão. Hoje, muitas pessoas fazem o que pensam ser certo baseadas nestes dois princípios:

- Fazer o que é certo baseado no que penso que é certo em cada situação.
- Fazer o que é certo quando é conveniente e benéfico.

Aqueles que estudam a ética chamam isso de *ética situacional*. Ao abandonar qualquer valor transcendente e absoluto que vem de cima (isto é, de Deus), essa linha de pensamento aborda cada situação de forma individual, gerando uma reação específica, baseada no que a pessoa acredita que seja o caminho certo a se trilhar. Neste caso, não há um padrão de valores dado por Deus. Não há uma autoridade escrita como a Bíblia para revelar o certo e o errado. A única coisa que importa é o que a pessoa *pensa* como certo ou errado em determinada situação, e ela aplicará isso quando e do jeito que quiser. Assim, ela pode escolher o que mais a beneficiará em cada situação. Nem sempre gira em torno do ego, mas aumenta o risco de um direcionamento mais egoísta. À ética situacional falta qualquer ajuda exterior quando tratamos de direção moral, pois sua base é construída apenas com o que uma pessoa pensa e sente.

Por favor, não esqueçamos que isso é uma *inversão* completa do que vemos nas ações de Mardoqueu. A bússola que guiou seu comportamento foi definida pelo norte real de Deus, como revelado na Palavra dele. Foi a partir disso que Mardoqueu decidiu fazer o que fez. O primeiro critério de sua escolha não foi fazer o que *ele* achava que tinha de fazer. Até mesmo seus *pensamentos* eram filtrados pelas revelações de Deus em suas leis. O que importava para Mardoqueu era o que Deus queria, e isso o levou às suas ações. Mesmo que ninguém intencionalmente busque consequências ruins, os possíveis resultados e a repercussão pessoal eram preocupações secundárias para Mardoqueu. O que importava era fazer o que era certo aos olhos de Deus. A proximidade de Deus depende de seguir sua bússola moral.

Gostaria de pensar que o povo de Deus ainda hoje segue o padrão estabelecido por Mardoqueu. No entanto, depois de quarenta anos de vida cristã, observando os outros e até fiscalizando minhas ações, vejo que muitas vezes optamos pela perspectiva mundana de inversão do modelo de Mardoqueu. Pense em todos os cenários nos quais somos tentados a comprometer nossas escolhas morais:

- Impostos: nós sonegamos.
- Quando falamos a verdade: "É só uma mentira inofensiva."
- Ética sexual: "Esperar até o casamento é muito antiquado."
- Ética profissional: "O mundo é dos mais fortes."
- Generosidade: nunca temos um trocado.
- Ao tratarmos nossa ira: "Sou apenas humano"

É difícil trilhar o caminho certo com a cultura cada vez mais imoral e secular dos dias de hoje. É fácil cair na tentação de inverter o modelo.

Vale a pena?

O que notamos na história de Ester é que é muito importante *se manter fiel à bússola moral divina para superar períodos em que Deus parece distante*. Escolher os valores dele mesmo quando o custo pareça alto. Fazer a coisa certa do jeito certo. Como disse Jesus, de forma clara e sucinta: "Se vocês me amam, obedecerão aos meus mandamentos" (Jo 14:15). Aprendemos aqui que *obediência importa*. E importa ainda mais quando passamos por momentos em que sentimos que Deus parece distante.

> O que notamos na história de Ester é que *é muito importante se manter fiel à bússola moral divina para superar períodos em que Deus parece distante*. Escolher os valores dele mesmo quando o custo pareça alto.

Longe de ser uma resposta legalista a essa sensação de distância, em que simplesmente vivemos baseados em um conjunto de regras para merecer as bênçãos de Deus, há uma lógica nessa forma de abordar a questão que é menos sobre conquistar a misericórdia do Senhor e mais sobre proteger sua alma. A lógica de Deus funciona a seu favor. Pense nisso: quando Deus parece distante, você está mais vulnerável ao pecado. Sua espiritualidade está seca. O sinal está fraco. Sua motivação está diminuindo. Em momentos assim, você pode até ser tentado a pensar: "Bem, se Deus quer se manter longe, vou fazer a mesma coisa." É exatamente nesse momento que se sente o impulso de abaixar sua guarda. Longe de Deus, há o impulso de divergir da bússola moral dele. Não consigo contar as vezes que testemunhei seguidores de Jesus bem intencionados — eu mesmo incluído — fazendo a pior escolha. A maioria de nós tem alguma história em que optamos pelo caminho da perdição moral quando nos sentimos espiritualmente fracos.

A lógica divina vai além. No mínimo, reagir à secura espiritual com desprezo moral não ajuda seu caso. Na verdade, complica ainda mais. Pense assim: se o seu filho se sente distante de você e reage a isso diretamente com uma atitude de revolta — não escuta nada do que você diz e desrespeita as regras da casa —, isso promove proximidade ou aumenta a distância? Todos sabemos a resposta: aumenta a distância. Quando um adolescente distante decide desobedecer às regras de casa, muitos lares ficam repletos de conflitos. Na família de Deus também é assim.

Pergunte a si mesmo: "Vale a pena ser fiel à minha bússola moral, mesmo quando Deus parece distante?" A resposta é óbvia. Fazer a coisa certa não apenas resguarda sua alma da sensação de distanciamento de Deus; também oferece a melhor oportunidade de voltar a ver a luz da manhã. Na verdade, voltar a confiar na providência maravilhosa e incessante de Deus e manter sua bússola moral coloca você na direção da boa vontade dele. Mesmo quando fazer a coisa certa apresenta um custo potencial, aposte na providência divina não apenas para ajudar você a passar por isso, mas também para se aproximar de Deus novamente.

> **Fazer a coisa certa não apenas resguarda sua alma da sensação de distanciamento de Deus; também oferece a melhor oportunidade de voltar a ver a luz da manhã.**

Mardoqueu, Ester e os judeus experimentaram isso. E você também pode.

Isso é coisa de Deus

Anos atrás, servi em uma igreja da qual o pastor sênior era um homem que *sentia* profundamente. Ele não possuía sentimentos intensos apenas *pelas* coisas, mas seus sentimentos profundos eram *na* e *com* a maior parte das coisas da vida. Na famosa escala temperamental de Myers-Briggs, ele era muito sentimental, sendo o oposto uma pessoa muito racional. Isso não significa que ele não fosse sagaz ou inteligente — era as duas coisas. Significa que ele não conseguia tomar uma decisão sem filtrá-la antes pelas suas emoções. Quando tomávamos decisões em equipe, não era incomum que ele dissesse: "Para mim, sinto que é coisa de Deus"; ou o contrário: "Para mim, sinto que não é coisa de Deus." Ele literalmente tomava decisões baseadas em quanto algo passava o *sentimento* de vir de Deus ou não. Eu mesmo, sendo uma pessoa muito racional, lembro-me de ponderar: "Como é mesmo esse negócio de sentir que algo é coisa de Deus ou não?" A ideia de basear uma decisão no tipo de sentimento que Deus pode ou não produzir em nós era algo que não entendia bem na época.

Cresci e amadureci com o passar dos anos, mas o sentimento divino ainda não é a base de minhas decisões. Meu temperamento é mais racional do que emocional. Dito isso, hoje me identifico mais com essa sensação de que alguma coisa é de Deus do que em minha juventude. Quando tenho a sensação de estar longe de Deus, mas, ainda assim, sigo obedientemente sua bússola moral, sinto-me melhor. Sinto que ele está feliz por mim e orgulhoso por eu ter me mantido fiel às suas orientações. O resultado disso é que, com o tempo, eu me sinto mais próximo de Deus. Fazer o certo no caminho certo me ajuda a superar períodos nos quais sinto que Deus parece distante.

Pense a respeito de todas as situações éticas que você enfrenta hoje. Agora adicione secura espiritual e confusão. Dá para entender aonde quero chegar. Você está em uma posição vulnerável. Imagine, no entanto, o que acontece quando você segue o exemplo de Mardoqueu, fazendo a coisa certa do jeito certo? No começo, você ainda pode se sentir espiritualmente seco e confuso, mas, conforme se firma na obediência à Palavra de Deus e soma a isso à perseverança de seguir em frente, independentemente do custo, aí está uma receita para superar os períodos de sensação de distância em relação a Deus. Você manterá sua integridade, mesmo quando as coisas parecerem vagas e sombrias. E você saberá muito bem como é sentir Deus.

Fazer a coisa certa do jeito certo é uma fórmula perfeita para se superar a sensação de que Deus está longe. Mesmo que pareça distante em algum momento, ele ainda ama você. Ele tem a bagunça de sua vida sob controle. Portanto, continue seguindo a bússola moral divina e escolha o que é certo. Você pode ter a sensação de que ele está distante agora, mas, à medida que trilha esse caminho, Deus o acolherá para próximo dele novamente. E a alegria virá pela manhã.

> **Fazer a coisa certa do jeito certo é uma fórmula perfeita para se superar a sensação de que Deus está longe.**

QUARTA MANEIRA
Tomando boas decisões durante a tempestade

"A decisão é a faísca que provoca a ação."
Wilfred A. Peterson

Apesar de ter acontecido há mais de vinte anos, lembro-me da experiência como se fosse ontem. Eu era pastor havia dois anos em uma igreja no centro-oeste dos Estados Unidos com muitas dificuldades, e que já havia enfrentado problemas antes. Era uma caminhada difícil, mas as coisas estavam indo bem. A igreja estava crescendo. O povo de Deus estava ganhando uma segunda chance. Pessoas perdidas estavam colocando sua fé em Jesus. As mudanças que fizemos finalmente estavam fazendo efeito. A liderança e a equipe estavam em sincronia. E eu estava cansado.

Naquela primavera, decidi dar uma pausa nos estudos e ficar na casa dos meus pais em Jackson Hole, Wyoming. Era o lugar ideal para tentar me reconectar com Deus e conceber novas pregações. Éramos apenas eu e Deus por duas semanas, pelas quais passei com uma Bíblia e alguns comentários bíblicos abertos e as montanhas do parque Grand Tetons como horizonte.

Por motivos que não consigo explicar até hoje, eu me sentia muito seco espiritualmente e distante de Deus. Sentia-me assim fazia alguns meses, o que pareceu uma eternidade. Não me entenda errado. Eu estava lendo a Bíblia regularmente, confessando minhas falhas para o Senhor diariamente e falando muito com ele. Não havia um pecado não confessado que pudesse obstruir a sensação de sua presença. Minha relação com minha esposa e meus filhos era cheia de amor, e eu até frequentava um grupo masculino de oração semanal. Quanto à equação investimento/resultado, eu estava fazendo tudo que sabia (e que tinha sido ensinado) para me manter próximo de Deus.

No entanto, por motivos desconhecidos, eu sentia que ele estava, na melhor das hipóteses, nos bastidores da minha vida. E não era só por causa do cansaço. Muitas vezes já me senti cansado na função que exerço, e ainda assim me sentia próximo de Deus. Chamo esses tempos de um "cansaço bom".

> **Por motivos que não consigo explicar até hoje, eu me sentia muito seco espiritualmente e distante de Deus. Sentia-me assim fazia alguns meses, o que pareceu uma eternidade.**

Mas aquilo era diferente. Apesar de praticar tudo que eu sabia fazer para me manter próximo do Senhor, não estava funcionando como no passado, e eu não sabia explicar o porquê.

Enquanto estava nesse período de pausa para estudar a Bíblia, recebi um telefonema que complicou ainda mais as coisas. Não era uma ligação da igreja que eu ministrava, mas um homem da igreja de minha cidade natal em Ohio. Era a igreja que eu frequentava quando me tornei cristão, no começo da década de 1980. Foi a igreja em que fui batizado, que me ajudou a crescer na fé e onde fiz um estágio de verão durante a faculdade. Foi a igreja na qual eu e Kim nos casamos e onde apresentamos um de nossos filhos ao Senhor.

O homem que me ligou era o líder de uma equipe responsável por encontrar um substituto para o pastor sênior, que estava se aposentando, pois foi fundador dessa igreja e estava lá havia 25 anos. Ele foi, para mim, um amigo e mentor. A equipe de busca estava fazendo uma varredura nacional, e eles limitaram a cinco candidatos. Dado meu rico histórico com a igreja, queriam adicionar meu nome à pequena lista. "Você estaria interessado?", perguntou o homem.

A possibilidade de ser pastor na igreja da minha cidade natal era um sonho se realizando. Eu queria agarrar aquela chance. No entanto, a igreja na qual eu ministrava ainda precisava de mim. Eu queria saber o que Deus desejava para todos os envolvidos. Queria sua vontade, não apenas a minha. O ponto crucial, entretanto, era tomar uma decisão espiritual que mudaria minha vida em um momento no qual não me sentia espiritualmente forte. Lembro-me de pensar: "Como posso tomar uma decisão como essa quando estou tentando superar essa sensação de que Deus parece distante? Já é difícil o suficiente tomar decisões complicadas baseadas na vontade de Deus quando as coisas estão calmas. Como tomo uma decisão dessas no meio de uma tempestade?"

A ameaça tripla

Eu me encontrava em uma posição difícil. Estava vivenciado o que passei a chamar de "a ameaça tripla". Esse tipo de ameaça ocorre quando três coisas convergem:

- Uma decisão difícil se apresenta diante de nós.
- Queremos tomar uma decisão alinhada com a vontade de Deus.
- Mas não estamos em uma posição espiritual boa para discernir a vontade dele.

Nesses cenários, o tempo é essencial. Não temos o luxo de poder esperar. A tempestade se ergue ao nosso redor, mas ainda precisamos levar o barco de nossa vida à praia, só que não dá para ver o litoral. O GPS está falhando. É muito arriscado esperar que a tempestade passe. Precisamos seguir em frente. Como fazer isso durante a tempestade?

Meu palpite é de que muitos de nós, senão a maioria, consegue entender o que é essa ameaça tripla. Você tem uma escolha difícil para fazer. Pode envolver seu trabalho, seu casamento ou seus filhos. Pode envolver uma relação importante. Pode ter a ver com uma decisão financeira ou de negócios. Ou, como para mim há vinte anos, pode ter a ver com uma escolha importante, talvez até mesmo envolvendo a igreja. Uma decisão importante deve ser feita e ela não pode esperar.

Sendo sensível diante de Deus, você quer tomar essa decisão alinhada com a vontade dele. Quer saber o que ele pensa. Que ser receptivo à orientação do Espírito. Quer se manter no caminho certo que ele indicou para sua vida. Você não quer resolver as coisas com as próprias mãos nem correr o risco tomar uma decisão ruim que pode levar anos para consertar. Você quer o que Deus quer.

Mas há um terceiro pedaço dessa ameaça tripla que complica tudo: você se sente distante de Deus. Não é como se você tivesse se desviado

— isso é fácil de consertar. Só precisa parar de se desviar e se voltar para Deus (a Bíblia chama isso de arrependimento). Não, você está colocando em prática tudo o que sabe fazer para se manter próximo dele. Você não acha que se afastou. Mesmo assim, sente uma distância. Orações não geram a mesma intimidade com Deus que um dia já geraram. A leitura da Bíblia não está tão clara e não prende sua atenção. A Ceia do Senhor e os cultos são obrigações e tarefas mais do que experiências que aprimoram a alma. Usando a imagem da história no livro de Ester, você se sente como um exilado em uma terra estranha — não está exatamente confortável com sua vida espiritual e não se encontra naquele lugar agradável com Deus.

Trata-se da ameaça tripla. É quando percebemos que superar os períodos em que Deus parece distante não se refere apenas a fazer a coisa certa, mas também a tomar as decisões certas. Quando é preciso tomar uma decisão difícil, o que você faz?

Nada de novo sob o sol

Pode servir de consolo para você saber que Ester e o povo judeu experimentaram essa ameaça tripla. É um dilema antigo. É especialmente útil ver como eles lidaram com isso durante os períodos em que se tinha a sensação de que Deus parecia longe.

Pouco depois do gesto de Mardoqueu de não se ajoelhar para Hamã — que honrava a Deus, mas teve consequência nocivas —, o plano de Hamã para destruir todos os judeus da Pérsia ficou amplamente conhecido. O rei prosseguiu com o plano sem saber que sua nova rainha era judia, e ele acreditou na história de Hamã de que os judeus eram um povo rebelde que quebrava as leis. Ainda houve um suborno na história (o dinheiro tende a ser uma grande motivação nesse mundo caído). Como se pode imaginar, os judeus estavam com sérios problemas. Um medo tremendo os dominou.

No entanto, Mardoqueu elaborou um plano. Por meio de um emissário, ele fez o plano de Hamã chegar à rainha Ester. Ele revelou todos os detalhes: sua recusa de se ajoelhar, os problemas de temperamento de Hamã, as mentiras ao rei e o rolar dos dados (purim) para decidir um dia para dizimar os judeus. Os decretos determinados por Hamã e pelo rei também foram usados como prova por Mardoqueu. Era um caso sólido. Ele instruiu Ester a ir até Xerxes para explicar o que estava acontecendo e "implorar misericórdia e interceder em favor do seu povo" (Et 4:8).

Mas não era tão fácil para Ester. A resposta dela a Mardoqueu mostra o porquê:

> Todos os oficiais do rei e o povo das províncias do império sabem que existe somente uma lei para qualquer homem ou mulher que se aproxime do rei no pátio interno sem por ele ser chamado: será morto, a não ser que o rei estenda o cetro de ouro para a pessoa e lhe poupe a vida. E eu não sou chamada à presença do rei há mais de trinta dias.
>
> Ester 4:11

Que cultura insana! O rei com que Ester era casada tinha uma regra: se qualquer pessoa (mesmo a rainha) entrasse em sua corte interna (onde as decisões do reino eram tomadas) sem que ele mesmo a convocasse, ela seria morta. A única exceção seria se, nesse dia, o rei escolhesse ter compaixão e estendesse seu cetro dourado como sinal de seu bondoso cuidado e de sua paciência. E o requerente não saberia antes que fosse tarde demais. Basicamente, Ester diz a Mardoqueu: "Meu marido está consumido pelo poder e é movido pela raiva. Se eu irromper na corte interna implorando pelo nosso povo, mesmo que ele goste de mim em alguns momentos e me tenha em boa estima, pode significar minha morte, e não haveria muita esperança para os judeus."

Ester estava experimentando a ameaça tripla. Uma decisão difícil precisava ser tomada: arriscar sua vida e ir ver Xerxes sem ser convocada. Ela queria decidir isso como uma judia — seguidora de Deus — usando a sabedoria e os valores divinos, mas estava sozinha e se sentia espiritualmente debilitada. Ela e seu povo estavam no exílio. Não havia templos, leituras dos mandamentos ou das leis, nenhum sacerdote realizando sacrifícios, e poucas palavras de Deus eram proferidas pelos profetas. Tudo que eles conheciam e com que estavam acostumados como sendo maneiras de se conectar com Deus desaparecera. Deus estava presente, e eles sabiam, mas estava trabalhando nos bastidores.

Como Ester, milhares de pessoas que compõem o povo de Deus ao longo dos séculos experimentaram suas próprias ameaças triplas durante a vida. Uma decisão difícil precisa ser tomada e não pode esperar. Há um desejo de tomar a decisão de acordo com a vontade e os propósitos de Deus. O distanciamento espiritual complica o processo. É a tempestade perfeita.

Tomando uma boa decisão durante a tempestade

Sendo assim, como devemos proceder? Como tomamos decisões nas encruzilhadas, especialmente quando Deus parece distante e nós estamos espiritualmente fracos?

A resposta tem tudo a ver com a superação dessa sensação de distanciamento em relação a Deus. Não é uma resposta que ouço com frequência ou leio em livros sobre como discernir a vontade de Deus. Ainda assim, é completamente cristã, e não apenas fornece um caminho viável para se tomar uma decisão boa e divina, mas também nos ajuda a nos aproximarmos do Senhor durante o processo.

Quando observamos de perto o padrão estabelecido por Ester, percebemos como esse princípio funciona: quando Deus parece distante, *a negação do ego* e *a concentração no coletivo* são recursos muito usados para se tomar a decisão certa.

> **Quando Deus parece distante, *a negação do ego* e *a concentração no coletivo* são recursos muito usados para se tomar a decisão certa.**

Diante da ameaça tripla e da compreensível hesitação de Ester sobre ir ou não até a presença do rei, Mardoqueu responde:

> Não pense que pelo fato de estar no palácio do rei, de todos os judeus só você escapará, pois, se você ficar calada nesta hora, socorro e livramento surgirão de outra parte para os judeus, mas você e a família de seu pai morrerão. Quem sabe se não foi para um momento como este que você chegou à posição de rainha?
>
> Ester 4:13-14

O problema de Mardoqueu é um desafio em dobro: ele primeiro fala para Ester "não pense apenas em você". Em outras palavras: "Não transforme a situação em algo que leva em consideração apenas o que é mais fácil para você, mas se permita ir mais fundo e negar seus impulsos egoístas." Ele quer que ela negue o medo que a faz prezar o autocuidado.

O motivo disso pode ser visto no segundo desafio de Mardoqueu: "Pense em suas irmãs e irmãos judeus. Leve em consideração o próximo. Perceba que Deus os libertará de qualquer maneira, mas o melhor jeito de fazê-lo é usando você! Arrisque-se e aja."

Baseando-se nesse desafio em dobro de não pensar apenas em si, mas levar em consideração o próximo, Ester diz três palavras que mudam a história: "... irei ao rei" (Et 4:16).

Não podemos deixar de notar a profundidade do desafio espiritual e psicológico que Mardoqueu propõe a Ester. O ponto central da lógica de Mardoqueu é que, apesar do grande risco envolvendo a visita ao rei (banimento ou até mesmo a morte), a decisão não é lá tão difícil. Se esse ato pode salvar Israel e permitir que outros sigam vivendo, então é a decisão certa e divina a se tomar. É isso que significa não pensar apenas em si e levar o próximo em consideração. É o jeito de Deus fazer as coisas. Indo além de sua confusão espiritual e da sensação de que Deus parece distante, Ester toma uma boa decisão — na verdade, foi excelente. Uma decisão que salvará o povo judeu e fazer com que os envolvidos se aproximem de Deus novamente. Não pensar apenas em si e levar em consideração o próximo — esta é a receita de Mardoqueu.

Não pense nem por um segundo que Mardoqueu estava, de alguma maneira, sendo insensível ou desprezando a solidariedade em relação a Ester. Ele a amava profundamente. Criou-a como sua própria filha. Todos os dias ele ia ao portão do palácio para verificar como ela estava. Mardoqueu sabia dos riscos que entrar na presença do rei poderia gerar e que seu conselho poderia levar Ester à morte.

Ele também sabia de outra coisa: quando Deus parece distante, não pensar apenas em si e levar o próximo em consideração são duas das melhores coisas a se fazer para se tomar a decisão certa. É uma verdade da vida terrena. É um princípio-chave para se viver os períodos em que Deus parece estar longe. É crucial para se tomar uma boa decisão durante a tempestade.

A lógica inversa de Deus a respeito das decisões tomadas

A maioria de nós está familiarizada com a maneira como a economia moderna funciona. Ela segue a seguinte fórmula:

Custo para os outros + benefício a você = sucesso

Em outras palavras, o sucesso ocorre quando você consegue encontrar ou criar um jeito de as outras pessoas suportarem e pagarem um custo que beneficia você diretamente. Isso é o básico de economia, baseado na lei de oferta e demanda. Se você quer ter sucesso na esfera econômica, desenvolva um produto que os outros desejem ou necessitem e faça com que eles comprem (ou que paguem o custo) para que você se beneficie (isto é, lucrar). Quando isso acontece, você está a caminho do sucesso. Isso é como a maior parte dos empresários faz dinheiro. É o sistema econômico do nosso mundo. E apesar de não ser ruim ou errado (é como nos sustentamos, afinal), é problemático quando fazemos disso nosso único modo de vida. Em outras palavras, não devemos aplicar essa fórmula do mundo econômico e profissional em nosso mundo pessoal e espiritual.

Infelizmente, vejo isso acontecendo com frequência. As pessoas lidam com suas relações (casamento, filhos, amizades etc.), igrejas, comunidades, vida pessoal e até mesmo sua caminhada com Deus usando a mesma fórmula que encontramos na cultura econômica. Quando o casamento começa a se complicar e não nos beneficia mais, deixa de ser mais um caso de sucesso e está na hora de desistirmos dele. Quando um conflito entre amigos nos coloca em um momento ruim e caótico e o custo se torna alto demais, talvez seja hora de renunciar. Quando a batalha contra o pecado é difícil e o preço a pagar é alto, simplesmente nos rendemos. Quando se torna muito difícil conter a raiva, nós a liberamos.

Tratamos nossa vida pessoal e espiritual como uma transação financeira. Quando o custo é muito alto e beneficia os outros mais do que a nós mesmos, então o resultado já não será interessante.

Chegou o momento de reformular a equação. No que se refere à tomada de decisões corretas durante períodos nos quais sentimos que Deus parece distante, é fascinante e didático ver como o Senhor *inverte* a fórmula:

Custo para você + benefício para os outros = escolha certa

É o *oposto* do sistema de sucesso do nosso mundo. É *economia inversa*, uma subversão da forma como nosso mundo nos faz viver. Deus diz: "Se você quer tomar decisões e fazer escolhas que me honrem, fazer com que meu Reino prospere, seguir o modelo de meu Filho e trazer alegria e paz absolutas para sua vida, então faça escolhas que beneficiem os *outros* e *custem* algo para você." Jesus disse que, para uma pessoa se encontrar na vida, ela deve perder-se.[20] Para aqueles que desejam o sucesso no campo espiritual e das relações, eles devem amar os outros da mesma maneira (ou até mais) do que amam a si mesmos.

> **Deus diz: "Se você quer tomar decisões e fazer escolhas que me honrem, fazer com que meu Reino prospere, seguir o modelo de meu Filho e trazer alegria e paz absolutas para sua vida, então faça escolhas que beneficiem os outros e custem algo para você."**

Uma escolha difícil

Anos atrás, quando estava em Wyoming enfrentando a ameaça tripla que mencionei, tomei uma decisão: deixar meu posto pastoral no Canadá e voltar à igreja de minha cidade natal nos arredores de Cleveland. O que me fez optar por isso, mesmo em um momento de secura espiritual, foram os valores de não pensar apenas em mim e levar em consideração os outros.

É claro que eu gostaria de ser pastor na igreja da cidade onde nasci. Era o desejo que existia em meu coração. Ainda assim, colocando isso de lado, conforme buscava conselhos sábios e pensava muito sobre o assunto, percebi que a igreja na minha cidade natal precisava de mim,

[20] Ver Mt 16:25.

e eu era a melhor escolha para eles. Uma igreja fica vulnerável quando o pastor que a fundou e ministrou nela por 25 anos se aposenta. Muitas vezes, o novo líder não dura mais do que um ou dois anos e acaba se tornando bode expiatório. Ajuda se a nova pessoa no cargo for conhecida da congregação e tiver as habilidades certas para liderar durante a transição.

À medida que ponderava sobre o assunto (sendo o mais claro que conseguia comigo mesmo) e orava a respeito (apesar de, naquela época, as orações parecerem não chegar a lugar algum), vi que tinha passado os 12 anos anteriores como pastor ajudando duas igrejas que passavam por transições severas. Se eu era alguma coisa, *era* um líder durante transições. Eu conhecia tanto alguns perigos quanto algumas estratégias comprovadas que poderiam ajudar a igreja de minha cidade natal a avançar para uma temporada de ministério produtivo. Para tanto, seria necessária uma quantidade imensa de confiança. A história que eu tinha com a igreja já incluía esse fator de confiança. Poderíamos começa a trabalhar e começar uma nova temporada de ministério.

Como dizem, o tempo nos traz discernimento. Cinco anos depois da minha chegada, a igreja da cidade em que nasci dobrou em tamanho, centenas de pessoas perdidas vieram para a casa de Jesus e poucos da congregação original saíram durante as temporadas de transição e crescimento que se seguiram. Apesar da volta à igreja ter sido tão difícil quanto qualquer trabalho que eu já tenha feito, provou-se ser uma boa decisão. Melhor ainda, a temporada de seca espiritual que originalmente me levou a Wyoming acabou passando. O sol espiritual brilhou novamente, e percebi que tomar a decisão que tomei foi, na verdade, parte de uma bonança espiritual. Ajudou a dissipar as nuvens que estavam sobre minha vida e a me aproximar de Deus novamente. Ajudou-me a superar o período no qual eu tinha a sensação de distanciamento de Deus.

Considere o seguinte...

Pense em como seria sua vida se você colocasse em prática o conselho de Mardoqueu quando estivesse enfrentando a tal ameaça tripla. Como seria sua vida se você tomasse suas decisões difíceis usando a equação "custo para si + benefício para o próximo"? Como isso afetaria a frustração que você sente dentro do seu casamento? Como afetaria seu filho rebelde? Seu vizinho que deixa você louco? O pecado do qual você tem dificuldade de se livrar? A difícil decisão de seguir por um caminho ou outro? Considere quão diferente poderiam ser a sua vida e as suas decisões sob o desafio em dobro proposto por Mardoqueu.

Depois disso, considere como isso poderia influenciar os períodos nos quais Deus parece distante. Tomar decisões boas e agradáveis a Deus deve produzir algum impacto sobre isso, não acha? Com certeza, produziu para Ester e para o povo judeu. Sua maravilhosa escolha não apenas libertou os judeus de uma ameaça muito real e destrutiva, mas também foi o catalisador que os aproximou de Deus novamente. Um vislumbre no que está por vir: a história tem um final feliz com uma grande festa que os judeus ao redor do mundo ainda celebram até os dias de hoje. E tudo foi consequência da decisão de Ester. Uma boa decisão tomada durante a tempestade. É como nós superamos a sensação de distanciamento de Deus.

QUINTA MANEIRA
Dando lugar para Deus em sua vida

> "Um milagre é quando o todo é maior que a somatória das partes. Um milagre é quando um mais um é igual a mil."
> Frederick Buechner

Às vezes, os conceitos mais simples são os mais profundos. "De grão em grão, a galinha enche o papo." "Deus ajuda quem cedo madruga." "Sem esforço, sem resultado." Todos nos identificamos com esses ditados simples. Eles passam ricas ideias a respeito de economia de dinheiro, o valor do trabalho e perseverança. Quero apresentar a você outro conceito simples, mas profundo — de um tipo que tem tudo a ver com a superação de períodos em que Deus parece estar distante. É o conceito de *dar espaço para Deus*.

Dar espaço para Deus

Aprendi sobre dar lugar para Deus com Franklin Graham, o filho mais velho de Billy Graham, famoso evangelista. Ele assumiu a liderança do ministério de seu pai, que estava cada vez mais idoso. No entanto, muito antes disso, Franklin escreveu uma autobiografia na qual ele compartilhava como foi crescer sendo filho (e vivendo à sombra) de um homem cristão tão famoso. Escrevendo sobre sua juventude rebelde contra Deus e sua família e sobre seu eventual retorno à fé em Jesus, o título que deu ao seu livro foi *Rebel with a Cause: Finally Comfortable Being Graham* (Rebelde com causa: enfim à vontade como um Graham).

O livro trata da comovente história do abandono e do retorno de Franklin à fé, o que resultou em sua ascensão à liderança do ministério de ajuda humanitária internacional Samaritan's Purse (A Bolsa do Samaritano). No livro, Graham conta a história do fundador dessa instituição, Bob Pierce, um mentor para ele. Bob não era alguém que você esperaria que fosse usado para esse propósito; ele era um candidato improvável, pois já havia enfrentado muitos desafios marcantes ao longo dos anos — um casamento complicado, problemas profissionais (incluindo a fundação e a falência de uma organização de ministério internacional), dificuldades com sua saúde mental e o suicídio de sua filha. Qualquer um desses motivos pode desestabilizar uma pessoa. Todos eles juntos são quase insuportáveis! De algum jeito, Bob perseverou, movido por um desejo profundamente enraizado de ver as pessoas chegarem à fé em Deus através da confiança em Jesus como seu Senhor e Salvador.

Em 1975, Bob levou Franklin em uma viagem rápida para alguns dos lugares mais necessitados do mundo: Coreia, Hong Kong, China, Índia, Irã e vilarejos em selvas remotas da Tailândia. O objetivo era fazer com que Franklin percebesse as necessidades físicas do mundo e a carência que eles tinham da Palavra de Jesus. Em um momento-chave da viagem, quando estavam mergulhados no coração da floresta, Bob compartilhou um aspecto central de sua fé e de sua confiança em Deus. Graham descreve da seguinte maneira:

> A lição aprendida com Bob que se destaca entre todo o resto que me foi ensinado é o que ele chamou de "dar espaço para Deus" (...) [Como descreve Bob,] "espaço para Deus" é quando você vê uma necessidade que vai além das capacidades humanas para supri-la, mas você aceita o desafio. Você confia que Deus providenciará os recursos para suprir determinada carência.[21]

Mais tarde, naquela viagem, para ter certeza de que Franklin entendera, Bob explicou novamente a ideia de forma mais clara:

> Dar lugar para Deus é quando se vê uma necessidade que você acredita que Deus quer que você supra. Você tenta, mas não

---

21 Franklin Graham, *Rebel with a Cause: Finally Comfortable Being Graham* [Rebelde com causa: enfim em paz por ser um Graham]. Nashville: Thomas Nelson, 1997, p. 134–135.

consegue. Depois de esgotar todo o seu esforço humano, ainda há um vão. Não importa o que você faça, você ainda está limitado por sua condição humana. É aí que você ora e abre espaço para que Deus trabalhe. Você vê Deus preenchendo o vão.[22]

Dar espaço para Deus. Ceder um hiato em suas decisões e ações no qual Deus poderá se colocar, preencher e fazer as coisas que apenas ele consegue. A fé é descrita na Bíblia como "a certeza daquilo que esperamos e a prova das coisas que não vemos" (Hb 11:1). De certa maneira, dar lugar para Deus é uma questão de viver pela fé, quando você confia mais em Deus do que em você mesmo e em sua ingenuidade. É buscar deliberadamente e esperar o movimento divino, sua atividade e seu tempo quando todo esforço humano foi exaurido e abandonado. É a compreensão de que você pode fazer o que Deus permitir, mas há uma parte das circunstâncias da vida na qual, se Deus não se mover e agir, então ela não acontecerá. Então, você cede espaço para que Deus possa se mover e agir.

Dar lugar para Deus é o que faz a diferença entre o que ouvi Larry Crabb se referir como a realidade *natural* acessível e a realidade *sobrenatural* acessível. É dar o espaço para que Deus entre em sua vida e se mova de maneira que apazigue a sensação de que ele parece distante.

O dilema de Ester

Ester enfrentou um dilema difícil. O povo judeu estava sendo ameaçado com genocídio, e ela estava na posição única de poder fazer algo a respeito se falasse com seu marido, o rei, tentando fazer com que ele voltasse atrás em seu decreto. Apesar de ele ser um líder irracional, movido a raiva e emoção, seu coração se derretia para sua nova esposa, e se ele estivesse de bom humor, talvez cedesse ao pedido de Ester. Lembre-se, também, de que Xerxes não sabia que ela era judia. Conceder a ele essa informação poderia mudar o rumo da situação para ela e seu povo. Ester precisava ir e advogar por sua causa.

Mas não era tão fácil. Existiam leis malucas na cultura do antigo Oriente Médio. Se uma pessoa, mesmo a rainha, buscasse uma

---

22 Idem, p. 140.

audiência com o rei sem ser convocada, a pena era a morte. A única exceção era se o rei desse uma permissão especial, ao estender seu cetro dourado como sinal de sua boa vontade e disposição para ouvir. Aquela era a melhor oportunidade para Ester expor o plano de Hamã de exterminar os judeus na Pérsia. Ela deveria solicitar uma audiência formal com o rei e advogar sobre sua causa.

Como Ester devia ter procedido? O que você faria se enfrentasse a mesma situação? Qual seria o plano?

Chegamos ao momento dramático na história, no qual vemos Ester abrindo espaço para Deus. Ele fará o trabalho, que é grande demais para que qualquer pessoa possa realizar. É nesse espaço que Deus concede a Ester a visão de como proceder. Na verdade, uma das coisas mais fascinantes de toda a Escritura acontece aqui: Deus revela a Ester os passos que ela deve dar no ousado plano para salvar seus camaradas judeus. E esse plano era impossível para os padrões humanos. Era algo que ela nunca conseguiria executar sozinha como uma esposa imigrante de um rei egoísta e louco por poder. O plano era dividido em *três fases distintas*, e cada uma delas abriria ainda mais espaço para Deus. Cada fase *criaria espaço* que Deus preencheria com as coisas que apenas ele poderia fazer. Exploremos juntos essas fases e prestemos atenção na genialidade do plano bem elaborado de Ester.

Primeira fase: a preparação

Depois de Ester concordar em abordar o rei — e depois de três dias de jejum, cedendo bastante espaço para que Deus pudesse se movimentar e agir —, ela se encontra esperando do lado de fora da corte interna de Xerxes. Podemos imaginá-la esperando, aguardando alguma coisa acontecer para seguir com seu plano. O rei a nota e a convida a entrar. Ele estende o cetro dourado, o que significa que ele estava disposto a ouvir o que ela tinha a dizer.

Então o rei diz a ela: "Que há, rainha Ester? Qual é o seu pedido? Mesmo que seja a metade do reino, lhe será dado" (Et 5:3).

Coloque-se no lugar de Ester nesse momento: você já passou pelo maior obstáculo, que era conseguir uma audiência com o rei, e não apenas ele *não* a matou pela visita inesperada, mas estava tão feliz em vê-la que ofereceu a ela *metade do reino dele* — um território mais ou menos do tamanho da metade sul dos Estados Unidos. O que você faria depois disso?

A maioria de nós pensaria: "Isso com certeza é uma porta que Deus abriu para mim. Agora é a hora de revelar ao rei o que vim aqui pedir!" Em seguida, só faríamos o pedido. Todos nós já passamos por momentos em que precisamos sentir o humor de nosso cônjuge, de algum parente ou chefe antes de pedir algo importante. Normalmente, quando temos a sensação de que a pessoa está de bom humor ou que elas simpatizam conosco, arriscamos o pedido.

Ester não faz isso. Ao invés, ela responde: "Se for do agrado do rei, venha com Hamã a um banquete que lhe preparei" (Et 5:4).

Em resposta à simpatia que o rei tem por Ester, ela não menciona seu pedido. Não se precipita, não se compromete ou se aproveita do bom humor de Xerxes. Ao invés de arriscar e fazer seu pedido, ela convida o rei e Hamã para um jantar. Não faz sentido. O que ela está fazendo? Por mais louco que pareça, tudo faz parte do plano de ceder mais espaço para Deus — um plano orquestrado para criar espaço para que Deus faça o que apenas ele pode realizar. Na esteira dessa fase de preparo, Ester agora está pronta para embarcar na próxima fase de seu plano bem elaborado.

Segunda fase: criando um espaço

Então o rei disse: "Tragam Hamã imediatamente, para que ele atenda ao pedido de Ester" (Et 5:5). Então Xerxes e Hamã foram ao banquete preparado por Ester. Conforme eles bebiam o vinho durante o banquete, o rei disse a Ester: "Qual é o seu pedido? Você será atendida. Qual o seu desejo? Mesmo que seja a metade do reino, lhe será concedido" (Et 5:6).

Você pode estar pensando: "Ótimo, agora é a hora de Ester arriscar e convencer o rei a impedir o massacre dos judeus." Depois de um suntuoso banquete e um pouco de vinho, enquanto o rei ainda está de bom humor, essa parece ser a hora certa para agir.

A maioria de nós escolheria esse momento para dar o próximo passo, pois é assim que normalmente fazemos em nossa experiência. Somos capazes de reconhecer os sinais de quando uma pessoa está pronta para nos dar o que quer que seja que queiramos. Nós já frequentamos um seminário de Tony Robbins ou já lemos os livros de Zig Ziglar. Já escutamos os últimos podcasts sobre liderança que modernizaram e atualizaram as técnicas atemporais de Dale Carnegie. A maioria de nós já aprendeu a lidar com nossas relações de forma coerente, com discernimento, e também desenvolveu um sentido aguçado para saber quando devemos nos conter e quando podemos trabalhar com o que temos.

No entanto, Ester nunca foi a um seminário do Tony Robbins. Não podia se beneficiar de nenhum dos livros de Zig Ziglar, pois ainda não tinham sido escritos. Ela ainda não tinha sido exposta às técnicas de como ganhar amigos e influenciar as pessoas. Ela era uma mulher estrangeira com praticamente nenhum direito, e estava colocando a si mesma e a toda população judaica em um risco tremendo, caso seu plano não desse certo.

Mas Ester tinha um plano. Um plano de permitir que a Providência assumisse o controle. Um plano de permitir que Deus tivesse espaço para agir. Assim, ela seguiu para a fase final que mudaria tudo, uma fase que realizaria muito mais do que a ingenuidade terrena de Ester jamais poderia fazer.

Terceira fase: cedendo ainda mais espaço

Então Ester respondeu: "Este é o meu pedido e o meu desejo: Se o rei tem consideração por mim, e se lhe agrada atender e conceder o meu pedido, que o rei e Hamã venham amanhã ao banquete que lhes prepararei. Então responderei à pergunta do rei" (Et 5:7-8).

Para a maioria de nós que estamos lendo a história de Ester, isso é confuso e, ao mesmo tempo, fascinante. O que ela está fazendo? Pode ser difícil para um leitor casual entender o porquê de Ester desenvolver e executar esse plano desconcertado, enrolado e confuso para fazer com que Xerxes visse a trama de Hamã para matar os judeus. Por milhares de anos, diferentes especialistas da Bíblia também tiveram dificuldade de compreender o plano de Ester. Eles já sugeriram todo tipo de hipótese, desde o medo (fazendo com que ela desse um passo de cada vez), passando por manipulação psicológica (a tática da demora para amaciar o rei) e pela hipótese de que a cultura daquela época seria assim (leva tempo até que alguém possa revelar seus objetivos) até a teoria de que isso teria sido "incluído pela autora" (essas cenas teriam sido adicionadas pela autora para incrementar as coisas, mas elas nunca aconteceram de verdade). O problema com todas essas explicações é que elas são insustentáveis historicamente ou parecem não acertar com precisão o sentido do que está acontecendo.

> **Ela desenvolve planos que abrem espaço para que Deus entre e preencha as lacunas. Ao criar esse espaço, Ester espera que a Providência sorria para ela e para o povo judeu.**

Não, alguma outra coisa deve estar passando pela cabeça de Ester. Como temos notado, as ações de Ester implicitamente demonstram *fé*. Ela opera com a sensação de que Deus está nos bastidores de tudo que está acontecendo. Dado esse contexto, acredito que Ester esteja deliberadamente adotando uma estratégia mais lenta. Ela se move em um ritmo compassado e modesto, abrindo bastante espaço para que Deus possa intervir. Conforme o povo judeu jejua e aguarda, as ações de Ester premeditadamente deixam lacunas para que Deus possa se mover. O ritmo dela cria oportunidades para ações divinas únicas que vivificam seus planos. O processo de Ester proporciona um espaço para que Deus possa aparecer e fazer o que for a sua vontade para o seu povo.

Essa compreensão da passagem bíblica explica por que Ester adota a estratégia de alternar avanços e paradas. Durante a primeira fase, ela avança ao abordar o rei pela primeira vez, e então *para*. Avança mais durante a segunda fase e *para* de novo. Na terceira fase, ela avança ainda mais e *para* pela terceira vez. A cada vez, ela simplesmente avançava e parava, esperando e dando amplo espaço para que Deus pudesse orquestrar tudo que fosse necessário para responder às orações dela e do povo judeu. Pela fé na providência de Deus ser um dos temas principais ao longo do livro de Ester, essa compreensão é a que melhor interpreta as ações da autora. Ela desenvolve planos que abrem espaço para que Deus entre e preencha as lacunas. Ao criar esse espaço, Ester espera que a Providência sorria para ela e para o povo judeu.

O resultado do ato de dar espaço

O que acontece entre o primeiro e o segundo banquete ocorre de tal maneira que mesmo a pessoa mais cética teria de considerar algum tipo de intervenção divina. Aqui estão os eventos aparentemente coincidentes que se sucedem no espaço criado por Ester:

- Hamã, o inimigo dos judeus, encontra Mardoqueu e lembra quanto ainda está ressentido por ele não ter se ajoelhado e mostrado submissão.
- Como prelúdio do genocídio, Hamã decide enforcar Mardoqueu no dia seguinte, por isso manda construir uma forca.
- Naquela noite, o rei enfrenta a insônia e pede que leiam uma história para que ele adormeça.
- O servo de Xerxes escolhe a história de quando Mardoqueu frustrou uma conspiração que planejava assassinar o rei — lealdade que nunca havia sido recompensada.
- Na manhã seguinte, Xerxes se aconselha com Hamã a respeito da melhor maneira de honrar alguém por sua lealdade, mas não diz ao seu melhor comandante que essa pessoa era Mardoqueu.
- Hamã, pensando ser ele mesmo a pessoa que Xerxes desejava honrar, sugere um desfile pela cidade para que todos possam ver o homem a quem o rei gostaria de prestar honra.
- O rei adora a ideia, e apenas então revela que aquele que seria honrado era Mardoqueu. Ele também designa Hamã para levar Mardoqueu em seu desfile pela cidade.
- Hamã é humilhado quando o rei honra o homem que ele planejava enforcar no cadafalso.

Não se esqueça de que isso aconteceu no interlúdio entre os dois banquetes. Ester só revelaria o plano de Hamã para aniquilar os judeus no segundo banquete — incluindo Mardoqueu, o homem que Xerxes honra diante de toda a cidade, e a rainha Ester, a quem o rei adora.

Veja novamente a lista apresentada. Enquanto nenhum desses eventos parece incomum — particularmente ocorrências tão normais como encontrar um inimigo ao caminhar na cidade ou enfrentar a insônia —, a probabilidade de todos eles acontecerem *ao mesmo tempo* é incrivelmente pequena. As chances de esses eventos acontecerem nessa sequência exata e nessa janela de tempo é uma impossibilidade estatística. Mesmo as mentes mais céticas devem se maravilhar com a coincidência. À luz de uma fé bem fundamentada, conseguimos ver a mão de Deus irrompendo dos bastidores e intervindo nas questões dessas pessoas.

Não seria possível que Ester tivesse orquestrado tudo isso sozinha. Apenas Deus poderia fazê-lo. Apenas ele poderia trabalhar nos bastidores e organizar os eventos tão perfeitamente. Ester apenas teve calma suficiente para deixar bastante espaço no qual Deus pudesse se mover entre os detalhes da situação. Neil Breneman, especialista na história de Ester, concorda: "Ester teve a sensação de que ainda não era tempo de fazer seu importante pedido. Era necessário tempo para que outros detalhes se alinhassem — segundo a providência de Deus — antes que ela pudesse fazer seu pedido."[23]

Como criar esse espaço para Deus

Dar lugar para Deus é algo que todos nós poderíamos colocar em prática em nossa vida. Na verdade, é algo de que cada um de nós precisa mais nessa vida acelerada, cheia de boas intenções, mas também de erros. No que diz respeito a abrir espaço para Deus, o desafio é habitual para nós: é muito mais fácil falar em dar lugar para Deus em nossa vida do que propriamente criar esse espaço.

A chave para criar esse espaço é a *espera* — um conceito em que a maioria de nós tem pouca experiência ou simplesmente não quer saber dele. Nesse caso, precisamos *esperar por Deus*. Não é fácil. A espera vai contra a essência de nossa cultura moderna. Vivemos em um mundo que diariamente nos provoca, em tom de urgência: "Não fique aí parado — faça alguma coisa!" Quando nossa vida é atingida por alguma crise, a urgência aumenta e a provocação também.

Deus, no entanto, opera de forma diferente. Como resposta aos períodos caóticos de nossa vida, ele calmamente nos instrui: "Não se precipite; aguarde." Ele diz: "Olhe para mim. Espere por mim.

---

23 Neil Breneman. "Ezra, Nehemiah, Esther: An Exegetical and Theological Exposition of Holy Scripture" ["Esdras, Neemias, Ester: uma exposição exegética da Escritura Sagrada"]. *In New American Commentary* [Novo comentário estadunidense]. Nashville: Holman Reference, 1993, p. 340.

Ceda-me espaço nos seus planos para que eu possa fazer o que apenas eu consigo realizar para você."

É um conceito estranho aos ouvidos das pessoas do século 21, mas a espera é algo que vemos ao longo da Bíblia. O povo de Deus esperou por ele por milhares de anos. Muito antes de Ester se encontrar esperando por Deus entre dois banquetes, Moisés conduziu o povo de Israel, libertando-o de seus grilhões no Egito, e experimentou momentos de espera em uma crise atrás da outra. Um episódio dramático foi quando Moisés e todo o povo de Israel estavam acampados às margens do Mar Vermelho enquanto o exército do faraó, sedento por sangue, saiu atrás deles em suas carruagens. À medida que eles iam se aproximando, os israelenses entravam em pânico e clamavam ao Senhor. A lógica e o senso comum diziam: "Lutem, fujam ou se rendam!" Ao invés disso, Moisés esperou por Deus. Ele criou um espaço para Deus, oferecendo uma alternativa sobrenatural aos judeus, mas seria necessário que eles *não* agissem, simplesmente ficassem parados: "Moisés respondeu ao povo: 'Não tenham medo. Fiquem firmes e vejam o livramento que o Senhor lhes trará hoje, porque vocês nunca mais verão os egípcios que hoje veem. O Senhor lutará por vocês; tão-somente acalmem-se'" (Êx 14:13-14).

Quando Moisés abriu espaço e esperou por Deus, o Senhor protegeu Israel por meios sobrenaturais, colocando um espaço físico entre eles e o exército do faraó. Conforme Deus o instruiu, Moisés esticou sua mão sobre o mar, e então o Senhor partiu as águas para criar um caminho onde antes só havia água.

> **Só podemos dar lugar para Deus quando aprendemos a esperar pelo Senhor.**

Só podemos dar lugar para Deus quando aprendemos a esperar pelo Senhor. Foi o que Ester fez. Como ela, devemos deixar bastante espaço para Deus em nossos planos e decisões — espaço que honre a ação divina e respeite o tempo do Senhor. Isso é crucial para se superar os períodos nos quais temos a sensação de que Deus parece distante. Queremos encontrar Deus novamente. Queremos sentir sua presença em nossa vida. Isso acontece quando desaceleramos nossos planos o suficiente para permitir que o Senhor aja e realize seu trabalho no seu tempo. É o que muitos de nós precisamos fazer. Dar esse lugar para Deus é essencial para superar os períodos em que temos a impressão de que o Senhor está longe. Sendo assim, *como* exatamente fazemos isso? O que está envolvido quando falamos sobre aprender a esperar por Deus com o objetivo de sentir sua presença em nossa vida novamente?

Esperando por Deus

Para muitas pessoas, a própria ideia de esperar por Deus é algo difícil de se conceber. Mesmo ao entender a ideia, achamos ainda mais difícil concebê-la. Nossas tentativas de esperar por Deus acabam parecendo muito diferentes do que é representado na Bíblia. Normalmente, esperar por Deus pode ser um sentimento semelhante a quando uma esposa diz ao seu marido: "Dê-me dez minutos para acabar de me arrumar para o jantar, aí podemos ir." Ou quando um marido diz à esposa: "Só faltam cinco minutos para acabar o jogo. Limpo a garagem em cinco minutos." Em ambos os cenários, esperar é algo breve, mas não é uma experiência muito positiva.

A representação na Bíblia da espera por Deus é muito mais positiva e vivificante. Ela nos prepara para o longo prazo com ele. Quando a espera por Deus se torna uma parte natural de nossa eterna jornada de fé, ela produz benefícios incríveis, como criar espaço para o Senhor. É por intermédio da espera que superamos períodos nos quais temos a sensação de que Deus parece distante e nos aproximamos dele novamente.

Como mencionei no começo deste capítulo, precisamos olhar mais a fundo esse pedaço da história de Ester para tirar o máximo proveito dele e descobrir o segredo para criar um espaço para Deus. Com isso em mente, encerremos o capítulo observando como Ester espera por Deus. Ela nos mostrará como esperar até que vejamos a luz da manhã novamente. Existem pelo menos três ferramentas que Ester utiliza durante sua espera e que fazem toda a diferença.

Espere com esperança

"Três dias depois, Ester vestiu seus trajes de rainha e colocou-se no pátio interno do palácio, em frente ao salão do rei. O rei estava no trono, de frente para a entrada" (Et 5:1).

Note que Ester se coloca onde seu marido, o rei, possa vê-la. Ela fica parada (esperando) na corte interna por um período indeterminado, aguardando que o rei a note e convide a entrar. Ela aguarda *esperançosa* — cedendo bastante espaço para Deus agir —, ansiando, ao fazê-lo, que Deus intervenha e faça com que Xerxes olhe para ela gentilmente.

Não para por aí. Podemos imaginar Ester aguardando esperançosamente ao longo de cada fase de seu plano bem elaborado. Entre cada fase, pensamos nela avançando, protelando, ansiando e aguardando com expectativa, deixando espaço para que Deus intervenha e faça algo que mudará os eventos em favor de Ester e do povo judeu. Assim como esperei pela chegada de minha então namorada, Kim, para uma de nossas raras visitas presenciais durante nosso período de relacionamento à distância, olhando pela janela de vez em quando para ver se o carro dela estava descendo a rua, Ester avidamente faz vigília para esperar que a Providência venha para ela e para o povo judeu. Aguardar com esperança mantém nossa visão focada no horizonte, procurando e ansiando que Deus se revele da maneira que ele quiser.

Aguardar com esperança é o que separa os discípulos de Deus, cheios de fé, das pessoas pessimistas, tristes e melancólicas que todos nós conhecemos. A espera por Deus não é para ser uma experiência deprimente, mísera, melancólica e lúgubre. Também não é para ser árdua ou difícil, apesar de ser necessário manter a paciência. Esperar por Deus é para ser o tipo de experiência na qual você aguarda com grande expectativa, ansiosamente procurando experimentar Deus e o que ele fará em seguida.

Com certeza, o Deus que está nos bastidores de fato intervém em favor de Ester e do povo judeu, trazendo a salvação que apenas ele pode proporcionar. Muito mais do que simplesmente fazer com que o rei se compadeça por ela e pelos judeus, o resultado tirará Hamã, o inimigo, do caminho e pavimentará a via pela qual os judeus poderão se defender e encontrar justiça e liberdade. Esperar com expectativa e esperança funciona assim. Esperamos e confiamos que Deus entrará no espaço que criamos e esperamos até que isso aconteça.

Aguardamos esperançosos, mas há mais na espera do que as expectativas. Existem algumas coisas que podemos *fazer* enquanto esperamos.

> **Esperar por Deus deve ser o tipo de experiência na qual você aguarda com grande expectativa, ansiosamente procurando experimentar Deus e o que ele fará em seguida.**

Espere de forma ativa

Há muito mais em esperar do que apenas ficar parado e não fazer nada. Esperar por Deus é uma questão de se manter focado e *ativo* em sua fé enquanto confia no Deus Todo-Poderoso. Esperar de forma ativa cria um espaço para Deus *durante* e *a partir da* sua espera. Realmente permite superar a angustiante sensação de distância que às vezes sentimos de Deus.

Voltando a Ester 5:1, quando ela pede pela primeira vez que Xerxes e Hamã compareçam ao seu banquete, há um detalhe que pode facilmente passar despercebido: o pedido aconteceu no terceiro dia de jejum, período no qual Ester e todos os judeus em Susã buscavam por Deus deliberada e intensamente (ver Et 4:15-17). Ester estava *ativa* durante sua espera.

Para nós, nos dias de hoje, esse é um importante aspecto da espera. Existem tantas maneiras de nos mantermos produtivos e ativos enquanto esperamos que vão além de nos mantermos ocupados com o trabalho. Junto às orações e ao jejum, podemos esperar de forma ativa ao lermos a Bíblia, atendendo ao próximo, adorando a Deus, obedecendo aos seus mandamentos atemporais e compartilhando as Boas-Novas de Jesus com os outros. Esse tipo de espera ativa não significa cessar atividades, mas *aumentar* determinadas atividades que agregam propósito e significado para a nossa espera. Deus nos deu algo para *fazer* enquanto aguardamos esperançosos por ele.

Não entenda errado — esse tipo de espera não é como um trabalho. Não estamos tentando conquistar e persuadir um Deus relutante e inflexível. Pelo contrário, nossa espera é enraizada em uma fé que reivindica a promessa de Deus: "Amo os que me amam, e quem me procura me encontra" (Pv 8:17). Quando compreendemos que a espera por Deus é assim, tudo muda, transformando nossa mentalidade pessimista e sem esperança em mentalidade otimista, edificadora de fé e objetiva.

Pense a respeito da sua relação com Deus e considere que, quando você estiver passando por um momento de espera, talvez ele tenha um plano para sua vida. É possível que o Senhor queira que você busque cuidadosamente por ele através do jejum e das orações, como fez Ester; ou talvez queira que você leia sua Palavra; que se encontre com outros cristãos; ou que use os recursos que ele lhe deu para atender os outros. Quando fizer isso, talvez você veja que seu tempo de espera se tornou um tempo produtivo no qual houve crescimento para reconhecer melhor a Deus e reforçar suas reservas internas. Na espera ativa, você se aproximará daquele do qual tem a impressão de estar distante.

Se existem áreas de sua vida nas quais você está esperando por Deus — complicações no casamento, frustrações no trabalho, decepção com os filhos, recaída em pecados persistentes, uma ferida do passado que ainda não sarou, preocupações com sua grande família, saúde frágil ou até mesmo orações antigas que não foram respondidas —, então encorajo você a esperar *ativamente*. Exerça as atividades que são características da espera *objetiva* por Deus. A beleza de esperar de forma ativa é que o resultado disso acaba sendo o desenvolvimento de muito espaço para Deus agir em sua vida — espaço no qual ele pode adentrar, habitar e fazer as coisas que só dependem dele. Vale a pena esperar pela atividade divina.

E se já não bastasse tudo isso, ainda há uma última ferramenta que o povo de Deus tem em seu arsenal no que se refere à espera por Deus.

Espere com alegria

A ideia de esperar com alegria por parecer uma contradição, como se eu dissesse para você passar por dificuldades sem problemas ou gritar silenciosamente. Esse não é o caso. Duas das maiores mentiras de nossa cultura em que muitos de nós acreditamos é que a felicidade é circunstancial e a alegria, situacional. A Bíblia afirma que ambas, felicidade e alegria, são escolhas que fazemos, independentemente de nossas circunstâncias e situações. Nossa felicidade é uma evolução de nossa alegria, e esta está diretamente ligada à nossa relação com Deus através de Jesus, que é baseada em fé.

Apesar de Ester não mencionar especificamente a alegria em sua espera, logo essa alegria que a espera produz vai se revelar. Os profetas do Antigo Testamento, cujas mensagens Ester conhecia, claramente comunicaram a ideia de esperar com alegria. O profeta Isaías teve uma vida difícil: reis piedosos o decepcionaram, ele viu sua nação perder a liberdade e teve de lidar com pessoas obstinadas que repetidas vezes o frustraram. Ainda assim, escreveu: "Naquele dia dirão: 'Esse é o nosso Deus; nós confiamos nele, e ele nos salvou. Esse é o Senhor, nós confiamos nele; exultemos e alegremo-nos, pois ele nos salvou'" (Is 25:9).

> **Você pode aguardar ansiosamente pelo movimento divino que ainda não viu em sua vida e, consequentemente, regozijar-se com alegria, ou pode permitir que a dificuldade da sua situação o oprima. Você pode escolher a alegria.**

Isaías explicou seu júbilo e sua alegria ao esperar por uma salvação que, naquele momento, existia apenas na esfera dos sonhos. Ele a via em um distante horizonte; um dia, ela viria. Essa experiência exigia um tempo de espera incerto. Contudo, ela ainda enchia seu coração com felicidade e alegria, apesar da distância aparente. Acredito que Ester e Mardoqueu vivenciaram o mesmo. É como a espera funciona. Conforme nos colocamos diante de Deus e aguardamos esperançosos e ativos por ele, é inevitável que a alegria irrompa em nossa alma.

Dito isso, como se espera por Deus? Você está *triste* ou *feliz*? Não se engane — você tem uma escolha. Não há dúvidas quanto à escolha de como esperar por Deus. Você pode aguardar ansiosamente pelo movimento divino ainda não visto em sua vida e, consequentemente, regozijar-se com alegria ou pode permitir que a dificuldade de sua situação o oprima. Você pode escolher a alegria.

Aguardar esperançosamente, ativamente e com alegria vai mudar a forma como você enxerga Deus e transformará sua experiência de espera. Mais importante que isso, agir assim dará lugar para Deus atuar em sua vida, lacunas nas quais o impossível se torna possível, pois foi reservado espaço para o Deus que "chama à existência coisas que não existem, como se existissem" (Rm 4:17).

SEXTA MANEIRA
Lealdade que liberta

"O amor e a lealdade caminham de mãos dadas."
Jeremy Gove

Conheci o Tom 15 anos atrás, quando eu estava viajando para um evento de pastores e ele ia participar de um encontro de negócios. Iniciamos uma conversa, percebemos que compartilhávamos a mesma fé e continuamos a conversar. Quando ele me perguntou sobre minha profissão e descobriu que eu era pastor, não conseguiu parar de falar sobre sua igreja. Ele amava sua igreja local. Era membro dela havia décadas e serviu no conselho de sua congregação inúmeras vezes.

Em determinado momento da conversa, Tom mencionou que já tinha trabalhado uma vez como pastor para os jovens como funcionário da igreja. Na época em que o conheci, ele era dono de empresa de sucesso e parecia estar distante das dinâmicas de funcionários de uma comunidade de fé. Perguntei o que aconteceu para que ele deixasse sua posição como pastor e começasse um negócio próprio. Ele disse:

— Tive um desentendimento com algumas pessoas da equipe e do conselho a respeito da melhor maneira de gerir o ministério jovem. Não conseguimos chegar a um acordo, então achei melhor renunciar antes que a situação piorasse. Eles estavam quase me demitindo de qualquer jeito, então me antecipei.

— Puxa — respondi —, isso deve ter sido incrivelmente doloroso e decepcionante. Você era jovem. Estava apenas começando uma família com sua esposa. Era a sua igreja. Como é possível que você tenha continuado nessa igreja depois de um acontecimento como esse? Existem literalmente centenas de igrejas que você poderia ter escolhido em sua cidade. Por que ficar naquela?

— Foi doloroso, com certeza — disse ele —, mais do que muitos entenderiam. E levou alguns anos até que eu me recuperasse por completo de parte da dor e da raiva. Mas era claro para mim e para minha esposa desde o início: aquela era nossa igreja. Nós a amávamos. Era como uma família. E famílias discordam, mas você aguenta e lida com os problemas. Então, foi o que fizemos.

Foi quando percebi que estava na presença de um homem que conhecia o significado da palavra "lealdade". Nós nos mantivemos em contato ao longo dos anos, e Tom provou isso para mim de muitas formas, não apenas com relação à sua igreja, mas também com sua família, seus amigos, seus parceiros de negócios e sua comunidade.

Há algo na *fidelidade* que toca todos que a enxergam e vivenciam. Seja um casal que permanece fiel um ao outro por muitas décadas ou um amigo próximo que se mantém fiel nos altos e baixos, todos ficamos mobilizados quando vemos exemplos de verdadeira lealdade diante de nós. Amamos testemunhar isso. Amamos viver com eles. Sentimos sua honestidade no mais profundo de nossa alma.

O sétimo e o oitavo capítulo do livro de Ester revelam outro passo importante na jornada de superação dos episódios nos quais temos a traiçoeira sensação de que Deus parece distante: nossa lealdade a Deus.

Observaremos a correlação direta entre nossas ações de lealdade e a resposta do Senhor quando tomamos a iniciativa de nos aproximar dele. Ester e os judeus estavam prestes a perceber o potencial da fé em Deus e como ela salvaria seus seguidores para que eles pudessem ver a luz da manhã novamente.

Um retrato da lealdade

Depois de tudo o que ocorreu até o momento na história de Ester, agora ela se encontra em uma posição maravilhosa. O plano bem elaborado que Deus propôs a ela foi executado. O Senhor orquestrou eventos que estavam muito além da capacidade de Ester para controlá-los. Neste momento, dentro das 24 horas entre os dois banquetes nas quais aconteceu a intervenção divina, o rei estava plenamente feliz com Mardoqueu e curiosamente encantado com Ester. Consequentemente, Xerxes estava disposto a fazer o que fosse necessário pela sua esposa e por seu leal amigo Mardoqueu.

É no segundo banquete que Ester planeja revelar a trama de Hamã para matar os judeus e pedir ao rei que intervenha. É então que chegamos ao clímax da história. O desfecho desse banquete determinará o destino do povo judeu. Muitas coisas estão em jogo. A única coisa que possivelmente poderia frustrar o plano de Ester agora seria se ela ou Mardoqueu, de alguma forma, recuassem, se acovardassem ou ficassem nervosos, comprometendo o progresso dos últimos passos da estratégia. A única forma de sabotar o que Deus abençoou até o momento seria se Ester e Mardoqueu perdessem a fé e fracassassem em executar os últimos toques de seu plano bem elaborado.

O espaço que Ester criou para Deus com seu plano de longo prazo, oferecendo dois banquetes no decorrer de vários dias, permitiu ao Senhor dispor alguns detalhes fundamentais para que o rei pudesse processar as informações. Detalhes como a lealdade de Mardoqueu, o ódio de Hamã por ele e pelos judeus e a origem judaica de Ester. Esses fatores garantiriam que a redenção dos judeus fosse plena e por completo — salvação da aniquilação, eliminação de Hamã, o carinho que o rei tinha por Ester e o aumento de sua lealdade para com Mardoqueu.

Mas havia um risco igualmente grande de o tiro sair pela culatra. Havia muito mais coisas em jogo agora do que antes do espaço para Deus ter sido criado. Como sabemos, quanto maior o benefício em potencial, maior o risco. Isso foi um fato para Ester e para os judeus — aí entra a questão do espaço cedido para Deus cuidar disso. Tudo que restara, então, era lealdade ou infidelidade. O sucesso ou o fracasso dependiam dos próximos passos de Ester e Mardoqueu se basearem na fé ou na dúvida.

Ester opta pela fidelidade:

> Então o rei e Hamã foram ao banquete com a rainha Ester, e, enquanto estavam bebendo vinho no segundo dia, o rei perguntou de novo: "Rainha Ester, qual é o seu pedido? Você será atendida. Qual o seu desejo? Mesmo que seja a metade do reino, isso lhe será concedido." Então a rainha Ester respondeu: "Se posso

contar com o favor do rei, e se isto lhe agrada, poupe a minha vida e a vida do meu povo; este é o meu pedido e o meu desejo. Pois eu e meu povo fomos vendidos para destruição, morte e aniquilação. Se apenas tivéssemos sido vendidos como escravos e escravas, eu teria ficado em silêncio, porque nenhuma aflição como essa justificaria perturbar o rei."

Ester 7:1-4

Ao fim do segundo banquete, depois de o rei e Hamã terem sido servidos de vinho, Ester finalmente faz seu pedido. Ela revela para Xerxes que sua vida e a de todos do seu povo estão em perigo, mas ainda não desvela ao rei que é judia nem de sua relação com Mardoqueu. Isso faz com que o rei indague quem ousaria destruir sua esposa e povo dela. Em um momento realmente arriscado, Ester mantém a fidelidade e finaliza o que foi incumbida de fazer. Ela diz ao rei que o conspirador não é ninguém menos que o segundo no comando: "O adversário e inimigo é Hamã, esse perverso" (Et 7:6).

A essa altura, Hamã faz um último esforço desesperado para se salvar, o que Xerxes interpreta como uma tentativa de agressão à rainha. Pela sua iniciativa contra o povo judeu, povo da rainha, ter sido uma traição contra o rei, Hamã é enforcado no cadafalso que ele mesmo havia construído para a execução pública de seu inimigo declarado, Mardoqueu:

> E um deles, chamado Harbona, que estava a serviço do rei, disse: "Há uma forca de mais de vinte metros de altura junto à casa de Hamã, que ele fez para Mardoqueu, que intercedeu pela vida do rei." Então o rei ordenou: "Enforquem-no nela!" Assim Hamã morreu na forca que tinha preparado para Mardoqueu; e a ira do rei se acalmou.
>
> Et 7:9-10

Um tanto irônico. É nesse momento da história que os leitores mergulhados na narrativa talvez soltem um suspiro de alívio coletivo. No entanto, o trabalho de Ester e Mardoqueu ainda não tinha acabado. Enquanto a execução de Hamã neutraliza uma ameaça, Xerxes já havia sentenciado um decreto oficial, permitindo que Hamã desse continuidade ao seu esquema maligno de mobilizar toda a Pérsia contra os judeus (Et 3:11). Pedir para Xerxes anular seu decreto seria, no mínimo, algo sem precedentes. O próximo passo exigia que Ester continuasse fiel, revelando sua relação com Mardoqueu e pedindo ao rei que interviesse para salvar os judeus.

Lembremos que, naquela cultura antiga, as palavras do rei eram a lei; uma vez proferidas, não poderiam ser revogadas. Nem mesmo o rei conseguiria anular os próprios decretos. A única coisa que poderia resolver a situação era um *novo* decreto. Ester e Mardoqueu precisavam que o rei aprovasse (e apoiasse com toda a sua autoridade) uma nova determinação que permitisse aos judeus se defender. Para se chegar até esse ponto, é necessário ter muita fé! Ester e Mardoqueu deveriam se manter fiéis ao plano que Deus vinha conduzindo rumo ao triunfo. Eles deveriam persistir em sua lealdade, confiando em Deus *com* e *durante* o processo.

> **Lealdade significa permanecer firme e leal, mantendo-se coerente com uma promessa que você faça, uma fé que você nutra ou as palavras que você diga.**

Segundo a perspectiva de Deus, "lealdade" é "ser fiel às palavras, crenças e promessas de alguém."[24] Lealdade significa permanecer firme e leal, mantendo-se coerente com uma promessa que você faça, uma fé que você nutra ou as palavras que você diga. Lealdade implica coerência e consistência. Ester e Mardoqueu nos oferecem um exemplo vivo de lealdade por intermédio de sua participação ativa no plano de Deus. Eles abriram espaço para o Senhor, e ele os resgatou. Ou seja, eles seguiram fielmente os planos e Deus agiu com a mesma fidelidade.

Lealdade sob ataque

Na lógica de Deus, a lealdade a ele e ao seu povo é algo de grande valor. Como logo veremos mais detalhadamente, é uma forma fundamental de superar os períodos nos quais temos a sensação de que

---

24 Jamie Rasmussen, "The Blessings of Faithfulness" ["As bênçãos da lealdade"]. In *Nelson's Annual Preacher's Sourcebook* [Guia anual Nelson do pregador, O.S. Hawkins (ed.)], vol. 4. Nashville: Thomas Nelson, 2014, p. 209.

Deus parece distante. Isso é importante, pois eu e você vivemos em um mundo e uma cultura nos quais a lealdade não apenas está sob ataque, mas, em muitos lugares, ela já perdeu seu valor.

Há muitos anos, um publicitário lançou uma nova linha de cartões de afinidade chamada "A coleção do amante secreto". Disponível *online* e entre cartões mais tradicionais em lojas que vendiam esse tipo de produto, tal linha apelava unicamente às pessoas envolvidas em adultério. Um advogado de divórcio e casos familiares de Atlanta disse o seguinte sobre os cartões: "Parece-me muito rude comemorar, por intermédio de cartões, algo que, no século XVI, era uma ofensa que levaria a pessoa a ser enforcada em praça pública."[25] Felizmente, a ideia não deu certo, mas, aparentemente, não foi por falta de pessoas com relações amorosas além de seus casamentos.

Recentemente, *hackers* violaram um *site* projetado para facilitar casos de adultério e trouxeram a público os dados pessoais dos 32 milhões de usuários. O *site* se vangloriava de seus serviços ao dizer: "Milhares de esposas e maridos adúlteros se inscrevem todos os dias atrás de um romance [...] Com nosso pacote de relações, garantimos que você encontrará a pessoa perfeita para ter um caso."[26] O resultado desse escândalo vergonhoso foi a divulgação daqueles que estavam inscritos, consequentemente levando a divórcios e até mesmo suicídios.

Enquanto se pode achar que essa desgraça significou a possível ruína do *site* que oferecia tais serviços, hoje a página se recuperou e até cresceu, gabando-se que acolher mais de 750 mil novos usuários todo mês desde o escândalo. Com sua frase de efeito — "A vida é curta. Tenha um caso amoroso" —, o site agora conta com mais de sessenta milhões de usuários pelo mundo.[27]

---

25 M. Alex Johnson. "When You Care Enough to Risk Everything..." [Quando você se importa tanto a ponto de arriscar tudo]. In NBCNews.com, 17 de agosto de 2005, *http://www.nbcnews.com/id/8973962/ns/us_news-life/t/when-you-care-enough-risk-everything/#.XuFfNC85RBx*.

26 Kim Zetter. "Hackers Finally Post Stolen Ashley Madison Data" [Hackers finalmente postaram dados roubados de Ashley Madison]. In Wired, 29 de junho de 2017, *https://www.wired.com/2015/08/happened-hackers-posted-stolen-ashley-madison-data/*.

27 Richard Morgan. "Ashley Madison Is Back — and Claims Surprising User Numbers" [Ashley Madison voltou — e reivindica números de usuários surpreendentes]. In New York Post, 21 de maio de 2017, https://nypost.com/2017/05/21/ashley-madison-is-back-and-claims-surprising-user-numbers/.

Em nossa cultura contemporânea secular e gradualmente decadente, a lealdade matrimonial passa por momentos realmente difíceis.

E a falta de fidelidade não se limita aos casamentos. As pessoas já não ficam mais chocadas quando uma empresa se recusa a honrar a própria palavra. Não ficamos perplexos com o escândalo de pais ricos que injustamente planejam colocar seus filhos privilegiados nas melhores universidades, usurpando outros jovens estudantes que trabalharam duro para conseguir uma vaga. Mal prestamos atenção às notícias de famílias que negligenciam o cuidado de seus pais idosos; ou de milhões de pessoas que mentem em seu formulário de impostos; ou de políticos que ilicitamente se livram de ações para proteger suas riquezas; ou de executivos que, de modo fraudulento, sonegam e prejudicam suas empresas de capital aberto.

Não me entenda mal, notícias como essas ainda deixam a maioria das pessoas triste, mas raramente as choca. De alguma forma, esperamos isso em nosso mundo moderno.

Pense a respeito disso por um momento. Você realmente ainda se surpreende quando ouve as últimas notícias sobre a infidelidade de alguém ou quando algum novo escândalo se apresenta nas manchetes? Quando foi a última vez que você ficou desconcertado ao ouvir sobre a infidelidade de alguém? Ainda é possível se sentir abalado ou até mesmo ferido pela falta de fidelidade de alguém, mas hoje é mais difícil que isso nos espante, pois o valor da lealdade diminuiu significantemente dentro de nossa cultura. Na verdade, hoje a resposta do mundo à fidelidade se inverteu. No passado, alguém talvez reagisse à falta de lealdade com perdão e compaixão. Mas essas reações foram substituídas pela tolerância e até mesmo pela celebração da infidelidade. A lealdade já não é mais valorizada ou celebrada. Vivemos em um mundo no qual ela está cada vez mais sob ataque.

Deus valoriza a fidelidade

Apesar dessa tendência, saiba o seguinte sobre Deus: em sua lógica, a lealdade — tanto a ele quanto ao seu povo — continua sendo muito valorizada. Ele recompensa a lealdade. Diferentemente de nossa cultura, ele não enviará a você um cartão celebrando sua infidelidade ou providenciará um serviço para facilitar ainda mais que alguém seja infiel.

Na verdade, Deus faz o oposto. Ele condena e corrige a infidelidade e, ao mesmo tempo, de forma coerente e afirmativa, responde aos nossos atos de lealdade com algo que faz toda a diferença: sua ação em nossa vida. É verdade. É através da lealdade que vivenciamos Deus.

A Bíblia está repleta de promessas de que Deus recompensa a lealdade de seu povo. Pode não ser da noite para o dia — isto é, levando em consideração nosso tempo cronológico. Pode nem mesmo ser precisamente o que aguardamos. Mas não se engane: Deus, que é fiel, responde à nossa lealdade a ele. O Senhor age de forma evidente quando nos mantemos firmes em nossa confiança nele e continuamos a segui-lo. Lealdade é uma das maneiras essenciais de se superar a sensação de que Deus parece distante. Ele recompensa nossa fidelidade. E faz isso quando concebe coisas inconfundíveis no mais profundo de nossa alma e na circunstância em que vivemos. Interna e externamente, há resultados tangíveis e espirituais de nossa lealdade ao Senhor.

> **Deus recompensa nossa fidelidade, e faz isso quando concebe coisas inconfundíveis no mais profundo de nossa alma e na circunstância em que vivemos.**

Quanto mais de perto olhamos para a história de Ester, mais percebemos quanto isso é real. Os detalhes revelam como o Deus que se mostra leal com seu trabalho nos bastidores orquestra as coisas como resposta à fidelidade de Ester e Mardoqueu ao se manterem decididos a seguir o plano divino. À medida que essas coisas aconteciam, eles vivenciaram Deus de formas únicas e significativas. Vejamos algumas dessas respostas divinas à lealdade deles.

Justiça

Deus promove a justiça por intermédio da lealdade. Quando Ester expõe Hamã como conspirador, Deus faz com que ele seja executado na mesma forca que o traidor persa preparou para Mardoqueu. Somado a isso, quando Ester implora ao rei que faça algo a respeito do plano de Hamã para exterminar os judeus — um plano já em andamento, com a assinatura e o selo do rei para legitimá-lo —, Deus novamente providencia justiça. Um novo decreto se sobrepõe à tentativa genocida de Hamã. Xerxes diz a Mardoqueu: "Escrevam agora outro decreto em nome do rei, em favor dos judeus, como melhor lhes parecer, e selem-no com o anel-selo do rei, pois nenhum documento escrito em nome do rei e selado com o seu anel pode ser revogado" (Et 8:8).

Deus proveu justiça para Ester e Mardoqueu em resposta à lealdade deles de se manterem firmes, mesmo quando era difícil fazê-lo.

Honra

Além da degradação de Hamã, que havia agido tão audaciosamente em resposta à perceptível desconsideração de Mardoqueu, Deus também honrou o parente de Ester: "O rei tirou seu anel-selo, que havia tomado de Hamã, e o deu a Mardoqueu; e Ester o nomeou para administrar os bens de Hamã" (Et 8:2). Xerxes concede a Mardoqueu uma posição de autoridade e poder, fazendo dele o segundo em autoridade por toda a Pérsia. Por causa de sua lealdade, Deus não apenas coloca Mardoqueu e Ester em posições honrosas, mas também traz honra para todos os judeus da região: "Para os judeus foi uma ocasião de (...) honra" (Et 8:16).

O contraste entre honra e vergonha na cultura do Oriente Médio é bem conhecido. A vergonha diante de um inimigo é bem resolvida quando a honra da pessoa é restaurada. É um sinal claro da bênção de Deus, pois traz equilíbrio à vida da pessoa novamente. A lealdade produz honra, demonstrando de forma clara a promessa de Deus: "Honrarei aqueles que me honram" (1Sm 2:30).

Proteção

Além de justiça e honra, Deus garante proteção aos judeus. "O decreto do rei concedia aos judeus de cada cidade o direito de reunir-se e de proteger-se, de destruir, matar e aniquilar qualquer força armada de qualquer povo ou província que os ameaçasse, a eles, suas mulheres e seus filhos" (Et 8:11). Xerxes permite que os judeus se defendam e até comanda seu próprio exército a auxiliá-los. Deus garante que os judeus tenham os recursos necessários para se defender. Ele dá ao seu povo sua força e proteção em resposta à lealdade deles.

Alegria e felicidade

Os judeus por toda a extensão da Pérsia ficaram confusos, desesperados, amargurados e tristes com o decreto inicial de Hamã (Et 3:15; 4:1,3). Agora, a reação ao decreto preparado por Mardoqueu é completamente diferente:

> Mardoqueu saiu da presença do rei usando vestes reais em azul e branco, uma grande coroa de ouro e um manto púrpura de linho fino. E a cidadela de Susã exultava de alegria. Para os judeus foi uma ocasião de felicidade, alegria, júbilo e honra. Em cada província e em cada cidade, onde quer que chegasse o decreto do rei, havia alegria e júbilo entre os judeus, com banquetes e festas.
>
> Ester 8:15-17

Em toda a cidade de Susã, em todas as províncias e cidades nas quais o decreto foi lido, houve alegria e felicidade. Isso é uma reminiscência do que o salmista escreveu: "O choro pode persistir uma noite, mas de manhã irrompe a alegria" (Sl 30:5). O ponto é claro: a lealdade a Deus e aos seus traz, com o tempo, alegria ao coração humano, assim como paz e contentamento.

Evangelismo

Por intermédio da lealdade de Ester e Mardoqueu, Deus também faz com que o evangelismo aconteça: "Muitos que pertenciam a outros povos do reino tornaram-se judeus, porque o temor dos judeus tinha se apoderado deles" (Et 8:17). Apesar de nossa sociedade moderna resistir à ideia do medo como motivador, ela era muito influente para os persas. Eles viram o Deus dos judeus agindo, salvando seu povo do mal e o elevando a um lugar de honra. Sem dúvida, essa foi uma experiência convincente e persuasiva para a sociedade politeísta daquela época, que estava acostumada e cansada com a adoração de deuses vazios e distantes.

Um evangelismo transcultural como aquele não era algo que acontecesse com frequência nos tempos do Antigo Testamento. O evangelismo é um tema que se tornou recorrente por causa da pessoa e da missão de Jesus e sua igreja. No entanto, na Israel daquele tempo, era incomum, pois Deus se revelava *em, para* e *por meio* das pessoas de Israel de maneira representativa. No entanto, aqui, como resultado da lealdade de Ester e Mardoqueu, um amplo evangelismo ocorre entre os persas.

Some tudo isso: Deus provê justiça, honra, proteção, alegria, felicidade e evangelismo — tudo como resultado da lealdade de Ester e Mardoqueu em seguir a cabo o que era bom e correto. Ambos intervieram perante Deus em nome do povo judeu. Mais ou menos cinco mil anos depois, o apóstolo Paulo escreveria em sua carta para a Igreja de Gálatas: "E não nos cansemos de fazer o bem, pois no tempo próprio colheremos, se não desanimarmos" (Gl 6:9).

Hoje em dia ainda funciona assim

Ao longo dos últimos quarenta anos, perdi a conta das vezes em que vi essa verdade divina demonstrada em minha própria vida, assim como na vida daqueles ao meu redor. Presenciei em primeira mão coisas reais e tangíveis surgirem como resultado divino do ato de se manter fiel ao que Deus pede. Podemos experimentar a mesma coisa em nossa vida:

- Quando nos mantemos fiéis à leitura da Palavra de Deus e à conversa com ele através da oração, podemos experimentar a paz interior e o crescimento espiritual.
- Quando nos mantemos fiéis ao ato de confessar nossos pecados constantemente e permanecemos próximos de Deus, podemos sentir o perdão e a sensação de estarmos puros perante ele.
- Quando nos mantemos fiéis ao preservar e desenvolver nossa relação com outros cristãos — o que chamamos de comunhão —, mesmo quando é difícil fazê-lo, podemos vivenciar vínculos tão profundos quanto verdadeiros, uma amizade cristã inestimável.
- Quando nos mantemos fiéis à confiança em Deus, mesmo rodeados por tentações, e nos comprometemos a entregar a vida a ele, podemos experimentar seu poder e sua força para enfrentar nossas tentações e vencê-las.
- Quando nos mantemos fiéis aos nossos votos de casamento diante de nossos cônjuges — não sermos apenas leais de

maneira genérica, mas amá-los, honrá-los e valorizá-los deliberadamente —, podemos desenvolver crescimento e intimidade com aqueles que amamos, e cultivaremos mais amor por nossos cônjuges.
- Quando, alegres e fiéis, retribuímos a Deus a partir dos recursos com os quais ele nos abençoa — com a entrega do dízimo e de nosso tempo, nossa competência, nossas habilidades, nossas finanças e até mesmo nosso testemunho —, podemos experimentar continuamente a provisão de Deus para nós e nossa família.

A lealdade a Deus e ao seu chamado realmente proporciona algumas bênçãos inesperadas, desde a justiça, a honra, a proteção, a alegria e o testemunho externo que Ester e os judeus experimentaram até coisas muito além, se nos mantemos firmes no intuito de seguir o Senhor mesmo quando temos a sensação de que ele parece distante. A lealdade realmente liberta.

A única ressalva que devo mencionar a esta altura é que a lealdade não é uma solução fácil que recompensa como uma espécie de máquina caça-níqueis. Deus é aquele que determina que tipo de resposta dará à sua lealdade; não seremos eu, você e ninguém mais que decidiremos isso. E a recompensa virá no tempo dele, não no nosso.

Quando você persiste com sua lealdade, mas ainda não vê o resultado que estava esperando, a coisa mais errada a se fazer é desistir e abandonar seus esforços. Ao invés disso, considere o encorajamento que o apóstolo Paulo deu à igreja em Corinto quando escreveu: "Portanto, meus amados irmãos, mantenham-se firmes, e que nada os abale. Sejam sempre dedicados à obra do Senhor, pois vocês sabem que, no Senhor, o trabalho de vocês não será inútil" (1Co 15:58).

> **Deus honra sua lealdade. Seu poder e sua ação são liberados quando estamos cheios daquele tipo de fé que nos leva a permanecer em nossa caminhada ao seu lado.**

Deus honra sua lealdade. Seu poder e sua ação são liberados quando estamos cheios daquele tipo de fé que nos leva a permanecer em nossa caminhada ao seu lado. A lealdade abre espaço para Deus — e é nesse vazio que ele se moverá e agirá de formas inconfundíveis.

Sendo assim, onde e como Deus está chamando você para ser fiel neste momento de sua vida? Qual vereda o Senhor colocou à sua frente? Em que esfera de sua vida ele quer que você siga o mesmo caminho de Ester e Mardoqueu? Pode ter a ver com seu casamento problemático. Pode ter a ver com seu filho adolescente que está se rebelando. Pode ter a ver com alguma questão social pela qual você tem paixão. Pode ter a ver com a solução de algum problema sentimental, como raiva ou ansiedade. Existem tantos obstáculos em potencial que um mundo caído pode colocar em nosso caminho.

A lealdade pode sobrepujar todas essas questões. É como superamos a sensação de que Deus parece distante.

SÉTIMA MANEIRA
Usando o poder

> "Quase todos os seres humanos conseguem suportar as adversidades, mas se quiser examinar o caráter de alguém, dê poder a essa pessoa."
> Abraham Lincoln

Imagine-se no primeiro vagão de uma montanha russa, lentamente se movimentando para a primeira subida. Seu coração acelera conforme você vai ficando mais alto. Seus olhos chegam a lacrimejar, pois o vento que sopra nessa altura é mais forte do que o que você está acostumado. Olhando para baixo, as pessoas parecem bonequinhos animados se movendo em silêncio. Mesmo sabendo o que vai acontecer, a expectativa aumenta conforme o carrinho sobe, e você se sente um pouco inquieto, pois sabe que está completamente à mercê desse dispositivo criado para levá-lo em alta velocidade para cima, para baixo e em *loops* e curvas como se sua vida estivesse correndo perigo.

E então, acontece — você experimenta aquela breve pausa quando liberam o freio e o peso combinado dos vagões e dos passageiros, mais a altura na qual você se encontra e a força da gravidade puxando em direção ao centro da terra começam a agir juntos. Isso é o que os físicos chamam de *energia potencial* — a energia de um objeto dada sua localização relativa a outros objetos, sua posição e sua relação com suas partes. Conhecemos essa experiência por um nome mais simples: poder. Dependendo de sua perspectiva, um poder desse tipo é estimulante ou apavorante.

A maioria dos especialistas concorda que o poder se trata essencialmente de *controle* e *influência*. Poder é uso controlado de energia.

Consiste em usar quaisquer que sejam os recursos à sua disposição — sejam eles tangíveis (como seu dinheiro, sua posição social e coisas materiais) ou intangíveis (sua personalidade, sua força espiritual e seus talentos naturais) — para influenciar o movimento e a mudança no seu entorno. Estamos todos familiarizados com esse conceito e esse tipo de uso de poder. Experimentamos e colocamos isso em prática regularmente em nossa vida:

- Uma posição de autoridade no trabalho oferece o poder das responsabilidades, decisões e remuneração profissionais.
- Um plano contínuo de investimento para aposentadoria oferece o poder de decidir como e onde você passará os anos dourados de sua vida.
- Um carro novo com um motor potente oferece o poder de chegar ao seu destino mais rápido (e de forma mais divertida).
- Um computador com grande capacidade de armazenamento e um processador melhor oferece poder computacional, poder de design e até mesmo o poder de vantagem competitiva quando estiver jogando os videogames.
- Boas notas na escola ou quando se está fazendo um teste oferecem o poder de vantagem educacional: bolsas escolares, aprovação em escolas melhores e colocação em posições melhores frente a outros alunos e candidatos.

A lista das experiências que o poder proporciona é infinita. Somos ensinados a desejar e buscar o poder desde muito cedo. Os bebês protegem seus brinquedos. Crianças na escolinha demarcam seu território no parquinho. Estudantes do Ensino Médio e das universidades buscam o poder através da excelência nos esportes e na academia. Quando nos tornamos jovens adultos, estamos preparados e prontos para um mundo repleto de busca por poder. E para ser claro, o mundo no qual vivemos tem tudo a ver com o poder em forma de posses, progressos, aquisições, posição e prestígio. Se você consegue imaginar outra expressão de poder, pode ter certeza de que as pessoas a querem (ou querem mais dela). Essa é a proeminência e a importância do poder no mundo em que vivemos.

A Bíblia e o poder

Vale notar que o poder é um tema proeminente na Bíblia. Na verdade, muito do que a Escritura tem a dizer sobre o poder é encorajador e positivo. O livro de Gênesis revela que a terra foi criada *com* e *pelo* poder da Palavra de Deus. Ele simplesmente disse: "Haja...", e se concretizou (Gn 1:3,6,14). Isso é poder!

No Antigo Testamento, os profetas, pastores, cronistas e reis (figuras que, à época, era poderosas em relação a outras pessoas) exaltaram o poder inigualável de Deus.[28] Os escritores do Novo Testamento deixam claro que esse poder está disponível para aqueles que creem por intermédio da presença do próprio Espírito Santo. Observe algumas das promessas que Deus faz ao seu povo no que se refere ao poder:

- Recebemos o poder de Deus — o mesmo poder que foi dado plenamente a Jesus — para compartilhar as Boas-Novas com os outros.[29]
- Ao viver diariamente no poder do Espírito Santo, podemos ostentar muitos frutos espirituais.[30]
- Mesmo quando estamos em nossos momentos mais fracos e esgotamos nossa reserva humana, podemos ser fortes no poder aperfeiçoador do Espírito; podemos fazer qualquer coisa em Cristo que nos fortalece.[31]
- O poder dele torna possível vivermos para o Senhor com alegria e uma fé radiante, uma vida que o agrada. Com seu poder divino, somos capazes de superar o medo, confortar os outros e sentir paz.[32]

Isso é poder demais. Na verdade, a palavra "poder", em todas as suas formas, tanto em hebraico quanto em grego, aparece trezentas

---

28 Gn 18:14; 2Sm 22:33; 2Cr 14:11; Sl 62:11; 66:7; 68:35; 147:4–5; Is 40:29,31; Jr 10:12; 32:17; Sf 3:17.

29 Mt 28:18–20; At 1:8.

30 Jo 15:5; Gl 6:5.

31 2Co 12:9–10; Ef 6:10; Fp 4:13; Cl 1:11; Hb 11:34.

32 Rm 15:13; 2Co 13:11; 2Tm 1:7; 2Pe 1:3.

vezes na Bíblia. A palavra grega principal, *dunamis*, aparece 123 vezes no Novo Testamento. Era uma palavra tão comum antigamente que muitas palavras, como "dínamo", "dinâmica", "dinastia" e "dinamite", são derivadas dela. Poder não é apenas um objeto de paixão para o nosso mundo; também é uma realidade intrínseca a Deus e compartilhada por ele conosco. Foi dado poder à humanidade como uma dádiva, mas nosso mundo caído certamente o utilizou de forma errada.

O desafio que se coloca perante nós quando exploramos o que significa superar os períodos nos quais sentimos que Deus parece distante é como dar sentido ao poder. Como lidamos com o poder que possuímos? Qual é o papel do cristão no uso do poder? Qual a nossa relação com o poder? Como podemos usar o poder da maneira certa? E como tudo isso se relaciona com a sensação de distanciamento de Deus?

Felizmente, Deus responde a essas perguntas para que possamos usar o poder confiado a nós de forma apropriada para superar os períodos nos quais ele parece distante.

Uma inversão de poder

É fácil ignorar um aspecto do cenário em que se passa a história de Ester. A experiência dela se deu em um contexto significativo de *desequilíbrio de poder*. O rei Xerxes possuía uma quantidade considerável de poder, enquanto os judeus que viviam na Pérsia sob seu reinado tinham muito menos. O rei era o dono da terra, enquanto os judeus viviam nela como exilados, longe de sua terra natal. Para piorar a situação, gerações de judeus foram proibidas de retornar às suas casas, onde teriam mais poder. O rei gostava do poder, e o utilizava para abusar das pessoas.

Os judeus estavam sujeitos aos abusos de poder por parte do rei e, consequentemente, estavam primeiramente interessados na própria sobrevivência. Com a aprovação de Xerxes ao pedido genocida de Hamã, as coisas pioraram rapidamente. De repente, por causa desse desequilíbrio de poder e de um abuso grave (algo que, por incrível que pareça, surgiu do que Hamã considerou um desdém de Mardoqueu), mais de um milhão de judeus estavam à beira da extinção.

O poder tem um potencial tremendo de ser usado de forma abusiva e violenta. A maioria de nós sabe disso, e muitos já experimentaram essa realidade.

De forma providencial, Ester corajosamente se impôs e salvou seu povo. Por causa de seu plano sábio e orientado por Deus, bem como de sua influência, ela fez com que o rei aprovasse um novo decreto que não apenas suplantou o de Hamã, mas também *empoderou* os judeus para que eles pudessem se defender. Mais impressionante que isso, o rei promoveu Mardoqueu como substituto de Hamã, tornando-o segundo no poder, o que concedeu ao primo de Ester ainda mais recursos para ajudar os judeus a se defender contra qualquer um que os atacasse.

É importante que percebamos a maneira poderosa pela qual Deus proveu uma solução para os judeus, apesar de o decreto original de Hamã ainda estar em vigor. Naquela época e cultura, o rei nunca revertia, anulava ou cancelava um decreto. Então, quando foi sentenciada a nova determinação, persas por todo o reino estavam se preparando para participar de um massacre aos judeus com a sanção do próprio governo. Mesmo que o novo decreto permitisse que os judeus (com o apoio do exército real) se defendessem, ainda havia uma batalha a ser travada. Eles enfrentavam um problema com o poder.

O capítulo seguinte da saga de Ester abre com o seguinte cenário de mudança de poder:

> No décimo terceiro dia do décimo segundo mês, o mês de adar, entraria em vigor o decreto do rei. Naquele dia os inimigos dos judeus esperavam *vencê-los*, mas aconteceu o contrário; os judeus *dominaram* aqueles que os odiavam.
>
> Ester 9:1 (itálicos do autor)

A palavra de nove letras "dominaram" é traduzida de uma palavra hebraica, *shalat*, que significa "comandar algo ou alguém; ter o domínio sobre algo ou alguém; ter o poder sobre algo ou alguém."[33] É uma palavra que transmite a ideia de *controle*. Em sua essência, a palavra descreve alguém que tem recursos suficientes — sejam físicos,

---

33 "H7980 — Shalat — Strong's Hebrew Lexicon (KJV)" [" H7980 — Shalat — Léxico Strong do hebreu"]. In Blue Letter Bible, acesso em 22 de julho de 2020, *https://www.blueletterbible.org/lang/lexicon/lexicon.cfm?Strongs=H7980*.

financeiros, emocionais, sociais ou relacionais — para subjugar outra pessoa, ou seja, ter influência e controle sobre esse alguém.

A tradução aqui está correta: os judeus conquistaram o domínio sobre seus inimigos. A situação proverbial se inverteu: a pimenta passou para os olhos dos outros e não era refresco. Quando Hamã estava em sua posição de autoridade, ele e os persas tinham todo o poder sobre os judeus. Por causa da desigualdade de poder, eles estavam em uma posição privilegiada para exercer domínio contra os judeus. Agora, no entanto, o jogo virou. Deus interveio e os judeus passaram a deter o poder. Pelo menos, eles tinham mais poder do que antes. Como resultado disso, os judeus dominaram os persas que buscavam matá-los. Sem dúvida, esse pedaço da história trata de poder e controle sobre as pessoas e as coisas.

Além disso, a inversão de poder está ligada à superação da sensação que Ester e os judeus estavam experimentando de que Deus parecia distante. Essa transferência de poder faz parte e é uma parcela importante do plano de Deus para ajudar seu povo a experimentar a proximidade dele novamente. Em sua providência, Deus achou justo conceder aos judeus o *poder* para que eles pudessem, então, vencer seus inimigos. Essa provisão de poder os levaria à proximidade de Deus que o coração deles desejara por tanto tempo. Ao invés de meramente conhecer e confiar em Deus em sua transcendência, eles o experimentariam em sua imanência. Veremos essa realidade na celebração que se dá na esteira da vitória dos judeus — uma festa que ainda ocorre hoje nas comunidades judaicas.

No entanto, nesse ponto da história, a vitória e a celebração são apenas uma possibilidade. A experiência de proximidade com Deus do povo judeu depende de como eles usarão o poder que o Senhor lhes deu. O uso do poder foi crucial para preencher o abismo que sentiam entre eles e Deus. O uso correto do poder permitiria a eles superar de forma correta tal período no qual tinham a sensação de que Deus estava longe. O mesmo vale para nós.

Você tem o poder

Antes de analisar como precisamos usar o poder em nossa vida para que possamos superar da melhor maneira os momentos em que nossa espiritualidade está seca, precisamos descobrir uma verdade fundamental na experiência de Ester e Mardoqueu: *Deus coloca uma quantidade relativa de poder à disposição de cada um de nós.* Mesmo quando as coisas vão mal, ainda temos poder. Lembre-se de nossa definição dessa palavra. Todos nós temos certa quantidade de *controle*, dados os *recursos* que temos disponíveis em nosso dia a dia. Sempre que usamos nossos recursos (tanto os tangíveis, como dinheiro e posição social, quanto os intangíveis, como nossos pensamentos, emoções e palavras) para exercer influência positiva ou negativa nas pessoas e coisas ao nosso redor estamos usando nosso poder.

Permita que eu esclareça. Na história de Ester, a cada etapa, é importante reconhecer que cada personagem tem alguma influência ou controle. *Todos* têm algum poder. Mardoqueu tem algum poder. Ester tem algum poder. Os judeus têm algum poder. Os persas têm algum poder. O rei, com certeza, tem algum poder. Praticamente todos possuem *algum* poder.

> **Deus coloca uma quantidade relativa de poder à disposição de cada um de nós.**

Mesmo quando a maré parece estar majoritariamente contra eles e as coisas se mostram ruins, Ester e seu povo têm poder. Eles têm poder para planejar, orar, jejuar, mobilizar, comunicar-se entre si, fazer a coisa certa e tomar boas decisões — todas as coisas que temos visto que os ajudou a superar a sensação de distância de Deus. O poder deles era consequência do uso dos recursos com os quais Deus os abençoou.

Eles tinham *algum* poder. Depois que a maré mudou em Ester, eles passaram a ter ainda *mais* poder do que antes. Isso só foi possível por causa de uma mudança no poder, mas em nenhum momento eles deixaram de ter.

O mais importante a ser compreendido nessa história é que todos nós temos poder. Por termos sido criados à imagem de Deus e estarmos vivendo e respirando hoje, cada um de nós tem poder. Chamo isso de *poder da criação*. Podemos exercer nossa vontade e temos a habilidade de agir. Podemos influenciar os outros e exercitar certo nível de controle. Mesmo quando a situação parece estar contra nós (como estava para os judeus nos primeiros capítulos da história), ainda temos a habilidade divina de agir, pensar, sentir, relacionar e orar. Ester e Mardoqueu fizeram isso e foram recompensados.

Como discípulo de Jesus, há uma forma de poder que você possui e que vai além (e é mais potente), o que chamo de *poder do Espírito*. A Bíblia deixa claro que o Espírito Santo vive naqueles que creem e seguem a Jesus, e esse Espírito que habita em nós se torna uma forma de poder. "... receberão poder quando o Espírito Santo descer sobre vocês" (At 1:8). A força para resistir ao pecado, a habilidade de perdoar os outros de coração, a sabedoria para compreender as coisas de Deus, o discernimento para percorrer esse mundo louco, a fé para suportar as dificuldades — isso tudo está disponível por intermédio do Espírito Santo quando você crê e segue Jesus.

A questão é a seguinte: pode ser que você não tenha tanto poder quanto gostaria em determinadas áreas de sua vida, mas não pense nem por um minuto que não tem poder algum. Mesmo que você tenha sido machucado e se tornado vítima de outros com mais poder, você ainda tem o seu. No mínimo, tem poder pessoal e espiritual à medida que confia no Deus que está trabalhando ativamente nos bastidores de sua vida.

O que é importante de se compreender, então, é que a preocupação principal de Deus *não* é se você tem poder (pois ele sabe que todos temos algum poder); ao invés disso, a preocupação dele é o que você faz com o poder que lhe foi divinamente concedido. Aprendi essa verdade quando era um jovem adulto com pouco mais de vinte anos. Diferentemente de alguns jovens confiantes e seguros, eu era o oposto. Era ansioso e tinha medo; a maior parte do tempo, vivia inseguro em minha posição de pastor jovem. Eu me sentia intimidado pela maioria das pessoas ao meu redor. Me sentia perdido enquanto todos pareciam ter a vida resolvida. Eu tinha horror ao fracasso e ainda mais horror do sucesso, praticamente paralisado pelo medo. Sentia-me impotente. Isso estava presente em basicamente todas as áreas da minha vida. Desde quando precisava falar publicamente, passando pela minha liderança pastoral até minhas relações interpessoais, sentia que tinha pouco controle e nenhum recurso para mudar a situação.

A maioria dos psicólogos diria a você que isso é uma forma de se fazer de vítima, e eu certamente me sentia e agia como uma. Eu variava entre a raiva defensiva contra aqueles ao meu redor e um ódio terrível de mim mesmo. Como um de meus amigos próximos deixou claro para mim, eu passava a impressão de que era "um arrogante com um complexo de inferioridade". Em determinado momento, eu me elevava artificialmente para me colocar como superior às pessoas a minha volta; em seguida, sentia-me humilhado e com baixa autoestima. Foi apenas através da maravilhosa graça e da verdade de Deus que vertiam de sua Palavra, por intermédio de alguns amigos fiéis e sábios, de minha esposa, de meus mentores pastorais e de um conselheiro experiente que eu comecei a perceber que, mesmo com meus anos de feridas e bagagem, eu tinha mais poder pessoal e espiritual do que me dava conta. Eu tinha mais *recursos* à minha disposição para *exercer* controle sobre minha situação do que compreendia. O poder derivado da criação e o poder derivado do Espírito, uma vez combinados, formam uma força potente.

Foi nesse momento que comecei a mudar. Não aconteceu da noite para o dia, mas abandonei a mentalidade de vítima e cheguei a uma compreensão correta dos instrumentos com os quais Deus me equipou para viver. Fiquei preparado para aproveitar o poder pessoal e espiritual que Deus me forneceu. E Deus não garantiu esse poder apenas para mim, mas também para todos que reconhecem os recursos naturais e espirituais que ele proporciona. Resumindo: eu estava pronto para aprender a *usar* o poder que estava em minha alma e minha vida, e o uso do poder se provaria formidável ao me ajudar a efetivamente suportar as temporadas em que Deus agia mais nos bastidores do que no centro do palco.

Reconhecer o poder é uma coisa; aprender a usá-lo da forma certa é outra. Ambos são conhecimentos cruciais para nos aproximar do Senhor e experimentar sua presença e atividade em nossa vida.

Como usar o poder

Uma das primeiras coisas que aprendi quando era um jovem adulto em recuperação é que, quanto mais poder se tem, mais difícil é usá-lo. Cada um de nós tem poder, e quando reconhecemos isso, o problema se torna saber como não deixar que esse poder se torne incontrolável. Deus fica muito preocupado que cada um de nós utilize bem o poder que nos foi confiado por ele. Isso fortalece ou destrói sua experiência com o Senhor.

No fim do século de XIX, um professor da Universidade de Cambridge chamado John Dalberg-Acton se tornou conhecido por seu vasto conhecimento de prática e história política. Ele era amplamente respeitado por sua sabedoria e percepção, e foi honrado com o título de barão pela rainha Vitória. Em seus escritos, observou que, sempre que alguém adquiria muito poder, coisas ruins tendiam a acontecer. Fosse Átila, o Uno, Napoleão, Luís XVI, Ricardo I ou até mesmo o papa (Acton era um católico fiel), todos provavam a tendência natural à corrupção que advinha do poder.

Ao escrever para Mandell Creighton, o arcebispo da Igreja da Inglaterra, tratando do tópico de como os historiadores deveriam avaliar a moralidade dos líderes do passado, Acton argumenta que a prática de julgar líderes baseado em um relativismo moral era inadequada. Ao invés disso, o julgamento de líderes deveria ser feito com base em um padrão moral universal. Defendendo sua tese, ele escreve a frase que viria a se tornar famosa: "O problema não é que determinada classe específica não está apta a governar. Nenhuma classe está. Poder tende a corromper, e o poder absoluto corrompe absolutamente."[34]

A história provou que ele estava certo. Há algo a respeito da natureza corrupta do poder sobre o qual devemos ser cuidadosos. Ter os recursos necessários para controlar as situações e outras pessoas não é ruim por si só, pois eles são estabelecidos por Deus e foram originalmente entregues por ele para todas as pessoas a fim de que elas os utilizem com bons propósitos. Mas, se não tomarmos cuidado, o poder pode rapidamente se virar contra nós e ferir profundamente aqueles à nossa volta.

A história de Ester confirma esse princípio. Quando a balança de poder mudou drasticamente, deixando de estar contra Ester, Mardoqueu e os judeus para estar à *disposição* ou *a favor* deles, essa

---

34 F. Engel DeJanösi. The Correspondence between Lord Acton and Bishop Creighton [A correspondência entre lorde Acton e o bispo Creighton]. In *Cambridge Historical Journal* 6, ed. 3(1940):307–21.

vantagem não foi rejeitada: "Os judeus feriram todos os seus inimigos à espada, matando-os e destruindo-os, e fizeram o que quiseram com os seus inimigos. Na cidadela de Susã os judeus mataram e destruíram quinhentos homens" (Et 9:5-6).

Apesar de soar agressivo — e foi mesmo —, o uso que eles fizeram do poder foi além disso. A Bíblia detalha como os judeus fizeram questão de que todos os dez filhos de Hamã fossem mortos e que mataram ainda mais pessoas no dia seguinte, conforme o rei permitiu que fizessem. Após ler sobre essa carnificina, fica fácil para nós ter uma visão crítica a respeito do uso do poder pelos judeus. No entanto, para sermos justos, devemos nos lembrar que, imediatamente antes disso, toda a região estava se preparando para chacinar os mais de um milhão de judeus da Pérsia, e esse genocídio era apoiado pelo governo. Na verdade, ao observarmos mais de perto os detalhes da guerra que os judeus estavam travando, eles mostram que todas as ações do povo de Deus eram defensivas por natureza: "Enquanto isso, ajuntou-se também o restante dos judeus que viviam nas províncias do império, *para se protegerem e se livrarem dos seus inimigos*" (Et 9:16, itálicos do autor).

A maioria dos especialistas que comentam a Bíblia afirma que os judeus estavam lutando por suas vidas. Assim, mesmo quando atacaram primeiro (como visto nos versículos 5 e 6 do capítulo 9), eles o fizeram com total ciência de que aquelas pessoas estavam preparando um avanço iminente contra os judeus com a intenção de matá-los.

Mesmo assim, fica claro que Mardoqueu e os judeus, que pouco antes estavam enfrentando problemas com o poder, agora se encontravam na situação oposta. Eles tinham até mesmo a permissão do rei, como explica o versículo 5, para fazer o que achassem melhor com seus inimigos. Ironicamente, essa é exatamente a mesma permissão que Xerxes deu a Hamã para que ele destruísse todos os judeus: "Fique com a prata e faça com o povo o que você achar melhor" (Et 3:11).

Sabemos exatamente o que Hamã pretendia fazer com o poder que lhe foi concedido pelo rei, e isso acabou levando-o à própria destruição. Não apenas aquele poder se provou tragicamente incontrolável para Hamã, mas também resultou em uma inversão completa do poder para com suas vítimas, os judeus, que agora tinham exatamente a mesma quantidade de poder que já havia sido confiada a ele. E como passaram a ter um grande poder, corriam o mesmo risco que consumiu Hamã: quanto mais poder se tem, mais difícil é usá-lo.

Essa é a pura verdade sobre o poder: ele não é fácil de ser usado. E quanto mais se tem, mais difícil é usá-lo.

> **Essa é a pura verdade sobre o poder: ele não é fácil de ser usado. E quanto mais se tem, mais difícil é usá-lo.**

Pense sobre o poder que foi lhe concedido em sua vida. Quando se está passando por um período estressante, você fica mais vulnerável à má utilização desse poder. É nesses momentos em que as coisas vão mal no trabalho que você fica mais inclinado a agir friamente com sua esposa e seus filhos. É naquelas temporadas em que sua vida doméstica está tensa que você acaba tratando mal seus colegas de trabalho. Mesmo quando você, com boas intenções, usa uma parte de sua vida para escapar temporariamente da outra, a vida não é tão cuidadosamente segmentada. O excesso de estresse de uma parte de sua vida afeta como você trata os outros na outra parte. O estresse que procede de uma das esferas pode causar um uso indevido do poder sobre a outra.

Considere o poder que você tem agora em sua vida. Pense sobre a dinâmica de poder em suas várias relações:

- Com um filho ou uma filha que pode estar bem, pode estar se rebelando ou pode simplesmente estar passando por alguma dificuldade em uma parte importante da vida dele ou dela.
- Com seu colega de trabalho; isso inclui aqueles que o supervisionam (justa ou injustamente) e pessoas a quem você guia (estejam elas seguindo você bem ou mal).
- Com sua esposa, a quem você prometeu amar, honrar e cuidar até que a morte os separasse; vocês estão prosperando juntos, apenas se mantendo juntos ou, pior ainda, procurando escapar da decepção mútua?
- Com a comunidade que você dirige ou na qual você serve; você pode achá-la profundamente gratificante ou profundamente frustrante.

- Com sua igreja, à qual você se sente muito ligado ou terrivelmente desconectado.
- Com seus amigos, pessoas valorosas nas quais você pode confiar ou talvez mal conheça e apenas as tolere.
- Com seu Deus, do qual você se sente intimamente próximo ou tristemente distante.

Reconheça o poder que está disponível para você nesse momento. Compreenda a profunda responsabilidade de usar esse poder que lhe foi confiado para exprimir e viver as experiências de seus diferentes relacionamentos. Como Mardoqueu e Ester, que poderiam fazer o que quisessem com aqueles ao seu redor, a maioria de nós tem tremenda liberdade de escolha a respeito de como reagir às pessoas em nossa vida.

Pense: temos o poder de amar ou odiar; de ferir ou curar; de proteger os outros da dor ou de causá-la às pessoas. Temos o poder de destruir ou reavivar e reconstruir. Temos o poder de caminhar com Deus de maneira que seu Espírito Santo cresça dentro de nós e nos forneça recursos para que sejamos vitoriosos — o que os antigos cristãos chamavam de "vivificar o Espírito" — ou nos encolhermos e deixar que as circunstâncias vençam a batalha. Temos grande poder ao decidir como escolhemos lidar com as mais importantes experiências relacionais e espirituais que enfrentamos em nosso cotidiano. Com certeza, quanto mais poder se tem, mais difícil é usá-lo bem e sabiamente.

Tudo se resume a moderar o seu poder

Nas guerras antigas, o sabre era uma arma vital. Diferente do florete, mais fino e mais leve, usado para batalhas, o sabre é pesado, achatado e com gume em ambos os lados. Ele foi feito para infligir o máximo possível de dano em uma batalha. É importante que o sabre seja pesado o suficiente para aumentar a força daquele que o empunha, mas não tão pesado que não possa ser manejado habilmente e usado tanto na ofensiva quanto na defensiva.

Tão importante quanto isso: o sabre ideal deve ser resistente, não frágil, para que seus gumes permaneçam afiados o suficiente para penetrar uma armadura de metal do inimigo e forte o suficiente para desviar, sem enfraquecer, os ataques repetidos do mesmo inimigo. No entanto, imperfeições podem surgir algumas vezes durante a forja de uma espada — quando a lâmina foi esquentada (até o ponto no qual a estrutura de cristal do metal mudará) e então arrefecida, ou rapidamente esfriada para endurecê-la.

Para prevenir esse risco, os ferreiros submetiam os sabres a um processo de *têmpera* logo em seguida ao processo de endurecimento. Temperar uma espada envolve reaquecê-la (depois de esfriada) em um fogo levemente menos intenso e então permitir que ela esfrie naturalmente. A têmpera permite que os complexos cristais do metal esfriem e se tornem um sólido com integridade estrutural. Isso aumenta a força, a resistência, a rigidez e a resposta ao impacto durante o uso da arma ao mesmo tempo que diminui sua fragilidade, plasticidade e elasticidade. Um sabre bem temperado é duradouro, confiável e eficaz. Assim, *resfriar* um metal quente é a chave para sua força.

De forma semelhante, o poder aquecido de forma imprudente pode ser falho, defeituoso e ainda mais frágil (mesmo que também seja de difícil controle por causa de sua imensidão). Como um bom sabre, o poder deve ser temperado. Seu calor deve ser monitorado e controlado. A história de Ester mostra três jeitos distintos como os judeus temperaram o poder quase incontrolável que lhes foi concedido pelo decreto do rei que os permitiria fazer o que achassem melhor.

Primeiro, como comentei mais cedo neste capítulo, o povo judeu assumiu uma postura defensiva. Eles se juntaram "para se protegerem" (Et 9:16). Não tomaram postura caótica. Ao invés disso, apenas atacaram aqueles que estavam inclinados a destruí-los.

Segundo, eles apenas atacavam os homens. O texto diz: "Na cidadela de Susã os judeus mataram e destruíram quinhentos homens (...) os corpos dos dez filhos de Hamã foram pendurados na forca (...) e mataram trezentos homens em Susã" (Et 9.6,14-15). O texto usa a palavra hebraica para "homem", ao invés da palavra que significava "pessoas", para que isso fique claro. Os judeus não tocavam em mulheres ou crianças — apenas nos homens calejados em batalha que estavam inclinados a matá-los.

Terceiro, e o mais fascinante, eles não pegaram nenhum bem material nem qualquer terra daqueles que mataram. O capítulo reforça isso em três versículos: "Mas não se apossaram dos seus bens" (Et 9:10,15,16). Mesmo que o plano de Hamã envolvesse saquear os judeus, e mesmo que o rei tivesse dito incisivamente que eles tinham o direito de fazer isso com aqueles que vencessem, até mesmo os encorajou a pilhar (8:11), os judeus escolheram não recolher nenhum ganho material de sua vitória.

Revisemos: foi tomada apenas uma postura defensiva; nem mulheres nem crianças foram feridas; e sem ganho material. Três restrições importantes sobre uma quantidade incomensurável de poder.

É preciso se perguntar: "Por quê? Por que os judeus agem de forma tão controlada e moderada?" O que praticamente todos os especialistas da Bíblia supõem é o seguinte: foi por causa da obediência e do amor pelo Deus que estava nos bastidores. Mesmo que existisse a sensação de que ele estava distante (e em muitas maneiras, realmente estava), o povo judeu sabia que a obediência a ele exigia a *têmpera* do poder que possuíam.

A superação da sensação de que Deus parece longe depende disso.

Matar pessoas inocentes é errado. o sexto dos Dez Mandamentos proíbe isso. Matar aqueles que não faziam parte da trama de Hamã, assim como matar os familiares daqueles que conspiraram contra eles, seria errado. No tocante à pilhagem, alguns apontam que há relação com a passagem de 1 Samuel, versículo 15. Nela, Saul explicitamente vai contra o comando de Deus e saqueia seus inimigos derrotados, e isso não agradou ao Senhor. Consequentemente, os judeus na Pérsia não fizeram isso. Pilhar seus inimigos não honraria a Deus.

Resumindo, foi a *graça e a verdade de Deus* que gerou o processo de têmpera no poder bruto que foi concedido aos judeus. A graça e a verdade de Deus lhes trouxeram sabedoria e os guiaram para que usassem tal poder de forma correta; para que eles fossem protegidos sem ferir aos outros sem necessidade.

Thomas Jefferson, o terceiro presidente dos Estados Unidos e um dos pais fundadores da nação, uma vez disse: "Espero que nossa sabedoria cresça junto ao poder, e que ela nos ensine que, quanto menos usarmos nosso poder, mais grandioso ele será."[35] Os judeus na Pérsia colocaram isso em ação, usando menos poder do que poderiam ter

---

35 "Thomas Jefferson to Thomas Leiper, 12 de junho de 1815" [De Thomas Jefferson a Thomas Leiper, 12 de junho de1815]. In Founders Online (coleção), National Archives, acessado em 18 de junho de 2020, *https://founders.archives.gov/documents/Jefferson/03-08-02-0431*.

utilizado. Como resultado de terem usado o poder de forma correta, Deus os honrou com um grande sucesso. E como veremos no próximo capítulo, isso também os preparou para celebrar a salvação que Deus concedeu, ajudando a fazê-los se sentir próximos dele novamente.

E quanto a você?

Avalie o uso que você tem feito do poder que Deus lhe concedeu. Você está impondo àqueles à sua volta de forma leviana e forçosa, criando um rastro de dor e dano? Ou está buscando a verdade e a graça de Deus para que possa passar pelo processo de têmpera esse poder que lhe foi concedido pelo Senhor, acreditando que seu poder, de longe, será mais forte e ilustre do que qualquer outro que você poderia exercer afastado dele?

Seja guiado pelo amor de Deus na medida em que ele se expressa como graça e verdade. No uso de seu poder, pratique-o de forma correta e sábia. Se não consegue fazer um julgamento justo de como usar seu poder, pergunte às pessoas em sua vida que são afetadas por ele. Tenha uma conversa franca com sua esposa, seus filhos ou seus colegas. Ouça opiniões a respeito da maneira como você está usando o poder que lhe foi atribuído.

Lembre-se das palavras do apóstolo Paulo para seu pupilo, Timóteo, quando ele o orientava a respeito de liderança espiritual. Ele escreveu: "Pois Deus não nos deu espírito de covardia, mas de poder, de amor e de equilíbrio" (2 Tm 1:7). As palavras de Paulo para Timóteo confirmam que o poder deve passar pela têmpera da graça (amor) e da verdade (disciplina).

Poder sem essas características que o reforçam não é nada mais que o poder comum ao resto do mundo, tão perigoso para o usuário quanto para as pessoas em seu caminho. Poder passado pelo processo de têmpera, através da graça e da verdade, no entanto, protege e preserva de forma honrada aqueles que o utilizam de forma sábia e correta. E nos aproxima de Deus.

OITAVA MANEIRA
Celebrando as vitórias

> "Acho que o mais importante agora é celebrar,
> e só então, com determinação, partir para
> nosso futuro comum, compartilhado e diferente."
> Michael D. Higgins, presidente da Irlanda (2011-2020)

Quando o relógio indica meia-noite no dia 1º de janeiro, pessoas ao redor do mundo comemoram o Ano Novo. Fogos de artifício explodem em uma miríade de cores no céu noturno, música tocando em avenidas públicas e uma multidão de pessoas se abraçando, se beijando e se divertindo juntas. No mundo inteiro há muitas festas nas quais a população global marca a conclusão bem-sucedida do ano que passou e espera que o ano vindouro seja melhor ainda.

Todos celebramos algo. Na esfera pessoal, comemoramos aniversários, casamentos, o tempo que passamos em determinado emprego e muitas outras festas. No âmbito nacional, estabelecemos feriados e comemorações nas datas em que ocorreram eventos importantes (Independência do Brasil, Proclamação da República, aniversário de cidades), nos dias em que nasceram ou morreram figuras históricas (Tiradentes) e em dias reservados à memória (Consciência Negra, Finados).

Há ainda as celebrações de valores tradicionais e modernos (Dia das Mães, Dia dos Pais). Organizamos festas celebrando culturas diferentes (Dia das Bruxas, Oktoberfest), eventos esportivos (como o período de Copa do Mundo, especialmente se nosso país é o vencedor), e causas particulares, tanto banais (1º de abril) quanto importantes (eleições). Até mesmo damos um aspecto de celebração a dias tradicionalmente estressantes e desagradáveis, deixando-os mais atraentes (Black Friday).

De acordo com o *site* estadunidense NationalDayCalendar.com, que afirma ser o lugar "no qual o mundo se junta para celebrar todos os dias", o calendário anual está preenchido com algo próximo de 1,5 mil dias, semanas e meses que destacam comemorações nacionais e internacionais, quaisquer que sejam.

O que a maioria de nós não percebe é que, para a metade ocidental do mundo, essas práticas e costumes estão enraizadas em padrões vistos no Antigo Testamento — padrões únicos no período em que foram estabelecidos, se comparados com outras culturas contemporâneas, mas que se tornaram menos comuns na época do Novo Testamento. A história do povo de Deus, como narrada no Antigo Testamento, mostra que, sempre quando o Senhor fazia algo único ou poderoso na vida de um indivíduo ou da comunidade como um todo, eles celebravam o acontecimento, seja dando um nome especial ao lugar em que o fato se deu, associando-o com um símbolo para referência futura, ou instituindo um jejum especial do qual as pessoas participariam no dia da comemoração.

Em outras palavras, o povo de Deus consistentemente faria algo tangível e especial para marcar a ocasião na qual Deus agiu — para sempre se lembrar do que ele fez —, o que também permitiria a eles passar esse costume para a próxima geração. Eles celebravam.

No livro de Gênesis, Abraão obedeceu à ordem de Deus de sacrificar seu filho Isaque. Mas, no último momento, Deus interveio ao fornecer um animal para ser sacrificado no lugar de Isaque. Aquele foi um teste à fé para Abraão, e ele foi aprovado. Para que fosse lembrado o que Deus fez lá, Abraão nomeou o local onde ocorreu o ato de Jeová Jireh, que em hebreu significa "o Senhor proverá" (Gn 22:14). O lugar era uma lembrança para ele da provisão proporcionada por Deus.

Anos depois, o neto de Abraão, Jacó, passou por dificuldades com o chamado de Deus para sua vida, de guiar seu povo, os judeus, que um dia se tornariam uma nação. Depois de uma noite na qual ele literalmente enfrentou o Senhor, Jacó se tornou um homem diferente. Ele sofreu uma mudança física nesse encontro, mas uma mudança ainda maior foi sua disposição de seguir minuciosamente a Deus em sua vida. Ele nomeou o lugar no qual ocorreu o fato de Peniel, que significa "a face de Deus", pois Jacó viu "... a Deus face a face e, todavia,

[sua] vida foi poupada" (Gn 32:30). Daquele momento em diante, todos que visitassem Peniel se lembrariam da intervenção especial de Deus que aconteceu ali.

Mais à frente, durante os eventos de Êxodo, quando Deus salvou os judeus da escravidão no Egito de forma poderosa, houve uma noite em particular na qual se deu a última praga e todos os primogênitos do Egito foram mortos como sinal para que o faraó acabasse com sua teimosia e libertasse o povo de Deus. Os judeus, que agiram com obediência ao sacrificar um cordeiro imaculado e espalhar o sangue dele nas portas e batentes de suas casas, viram seus filhos sendo poupados do anjo da morte. Nos 3,5 mil anos desde esse acontecimento, os judeus celebram o *Pessach* ("Páscoa judaica"), é caracterizada por um banquete anual e uma gama de símbolos diferentes que comunicam de forma poderosa vários aspectos do caráter de Deus e seu incrível trabalho de salvação naquele momento da História.

Enfim, um dos meus favoritos: muitos anos depois de os israelitas habitarem pela primeira vez a Terra Santa, quando os terríveis filisteus estavam travando uma guerra contra Israel, Deus agiu de forma inconfundível como resposta à oração do profeta Samuel, que clamava pela vitória. Celebrando a vitória concedida por Deus, Samuel encontrou uma pedra comum e a colocou diretamente no meio do campo de batalha. Ele deu a ela o nome de Ebenézer, que significa "pedra do auxílio", pois Deus claramente os ajudara, e o Senhor era a Pedra na qual eles se apoiavam (1Sm 7:12). A pedra era um símbolo da operação e da atividade de Deus no meio deles.

De vez em quando, Deus agia de uma maneira especial na vida dos judeus. Ao invés de seguir a vida rapidamente e esquecer o que Deus fazia para eles, o povo parava, instituía uma celebração simples, mas significativa, associada ao que Deus havia feito, e então se comprometia a retornar regularmente para lembrar e celebrar o que o Senhor fizera. Os judeus — antes e agora — sempre foram conhecidos como uma cultura que se deleita com símbolos e celebrações. Eles possuem centenas de tradições e ações das quais tomam parte para lembrar e refletir sobre grandes atos de Deus ao longo das eras.

Lembrar e refletir são maneiras eficazes de superar períodos nos quais temos a sensação de que Deus parece distante por muito tempo.

> **Lembrar e refletir são maneiras eficazes de superar períodos nos quais temos a sensação de que Deus parece distante por muito tempo.**

Durante períodos de perseguição intensa, secura spiritual e situações difíceis, os judeus são capazes de lembrar e refletir a respeito do movimento incrível de Deus em suas histórias, o que lhes proporciona forças para resistir. Lembrar e refletir ajudou a preencher o vazio entre os períodos nos quais experimentaram fraqueza espiritual e a sensação vivificante da presença de Deus, o que permitiu a eles perseverar. A celebração funciona assim. Ela se torna um caminho importante para se superar a sensação de que Deus está distante.

Por essa razão, faz sentido que a história de Ester termine com uma celebração. Isso nos ensina um princípio importante: sempre que Deus age de forma única e poderosa em nossa vida, vale a pena celebrar.

A celebração da vitória dos judeus na Pérsia

Façamos uma recapitulação rápida para que fique claro o que aconteceu até este ponto da história. A ação variava rapidamente entre boas e más notícias. Tudo começou com o povo de Israel, já em sua quarta geração no exílio, sendo banido para longe de sua terra natal para uma nação hostil a nordeste. Más notícias seguidas de uma boa: o rei persa, Xerxes, escolheu uma humilde mulher judia chamada Ester para ser sua nova esposa.

A seguir, o primo de Ester, Mardoqueu, enfureceu Hamã, o segundo no comando de toda a região, ao se recusar a ajoelhar-se perante o persa. Como resultado, Hamã tramou a morte de Mardoqueu e a aniquilação de todos os judeus da Pérsia para ter certeza de que isso não se repetiria. No entanto, Ester buscou a Deus, jejuou perante o Senhor e deu início a um plano divino, convidando o rei e Hamã para dois banquetes em noites consecutivas.

Ao fim do segundo banquete, Deus, que estava nos bastidores, orquestrou eventos para que o rei respondesse de forma favorável a Ester, Mardoqueu e aos judeus. O rei fez com que Hamã fosse enforcado por seu plano diabólico, empoderou os judeus para que eles se defendessem contra o avanço persa iminente e ainda complementou a luta judaica com seu próprio exército. Depois de dois dias de batalha, os judeus derrotaram seus inimigos de forma esmagadora, Mardoqueu foi nomeado segundo no comando e todos os judeus na Pérsia poderiam mais uma vez descansar sem medo de uma morte iminente.

Agora, ao invés de se refugiar em suas casas, Mardoqueu e Ester declararam: "*Tá* na hora da festa!"

> Mardoqueu registrou esses acontecimentos e enviou cartas a todos os judeus de todas as províncias do rei Xerxes, próximas e distantes, determinado que anualmente se comemorassem os dias décimo quarto e décimo quinto do mês de adar, pois nesses dias os judeus livraram-se dos seus inimigos, e nesse mês a sua tristeza tornou-se em alegria, e o seu pranto, num dia de festa. Escreveu-lhes dizendo que comemorassem aquelas datas como dias de festa e de alegria, de troca de presentes e de ofertas aos pobres.
>
> Ester 9:20-22

Sob a luz do resgate e da salvação de Deus, Ester e Mardoqueu determinam que é o momento certo para parar, refletir, lembrar e celebrar. Eles instituem uma nova tradição que lembrará às futuras gerações para sempre a respeito da vitória única e poderosa de Deus. Eles dão nome a essa celebração, destacando um detalhe único da maneira como Deus salvou seu povo do plano diabólico de Hamã. O persa lançou à sorte a escolha do dia em que todos os judeus seriam mortos. Logo, os judeus decidiram chamar sua nova comemoração de Purim, devido ao costume babilônico de usar dados caseiros (*purim*) para tomar decisões: "Por isso, aqueles dias foram chamados Purim, da palavra pur" (Et 9:26).

Há 2,5 mil anos, os judeus celebram o feriado de Purim. Em bons e maus momentos, em tempos de fartura ou de escassez, cada geração presencia essa celebração anual. Ocorrendo no mês de adar do calendário judeu, o Purim normalmente se dá em março. Como parte dessa comemoração, os judeus tomam parte em cinco atividades principais para lembrar o que está registrado no livro de Ester:

- *Jeju,*. No dia anterior ao da celebração, os judeus jejuam por um dia inteiro do amanhecer ao anoitecer, assim como Ester e seu

povo jejuou antes da salvação de Deus. A primeira atividade para se celebrar a obra de Deus é uma atividade espiritual.
- *Lembrança e reconstituição da história*. No dia do Purim, os judeus leem todo o livro de Ester em voz alta. Isso é conhecido como *megillah*, do hebreu "pergaminho". A história é lida para que todos possam escutá-la. Todos os presentes que escutam a história têm em suas mãos um *gragger*, um objeto barulhento alto e irritante que é utilizado todas as vezes que o nome de Hamã é lido. Isso é feito para encobrir ou ofuscar seu nome. O nome de Hamã é mencionado mais que cinquenta vezes no decorrer da história, o que faz com que esse gesto crie uma algazarra durante a leitura da história.
- *Banquete*. Os judeus, então, comemoram sua alegria ao comer e beber juntos.
- *Troca de presentes*. Eles trocam presentes uns com os outros e ainda fazem pequenos *hamantashcen* (bolo de Hamã) para recordar a importância da salvação de Deus.
- *Caridade*. Como uma forma adicional de demonstrar gratidão a Deus, os judeus também oferecem presentes aos pobres deliberadamente.

Preste atenção: o Purim é uma celebração enérgica como o carnaval em algumas comunidades judaicas. Na verdade, alguns autores se referem a essa comemoração como o "carnaval judeu". Realmente, o Purim é uma festa repleta de alegria e positividade, caracterizada pelas risadas, pelo entusiasmo e pela folia. E pelos motivos certos. Deus proveu aos judeus. Ele protegeu seu povo.

Lembre-se, também, que o Purim é celebrado dentro outros muitos feriados e muitas tradiçoes que preenchem o calendário judaico. Praticamente todos os feriados e todas as comemorações estão relacionados a atos únicos e poderosos de Deus na vida do povo judeu (estando a maioria deles registrada no Antigo Testamento).

O que aconteceu?

Assim, minha pergunta é: com essa ênfase clara e evidente que os judeus colocaram sobre a lembrança através da celebração, *por que os cristãos não celebram dessa maneira com mais frequência? Por que não seguimos os padrões do Antigo Testamento em nossa vida pessoal e em nossas igrejas e comunidades?*

É claro, temos nossos símbolos, como a cruz e o peixe, e damos muita importância para o Natal e a Páscoa. Até certo ponto, compreendemos a importância de reservar um momento especial para celebrar eventos que são a pedra angular de nossa fé. Algumas de nossas tradições também se dão com celebrações, desde as moderadas às festivas, de dias e épocas como o Advento (período que antecede o Natal), Domingo de Ramos, Quarta-Feira de Cinzas, Sexta-Feira Santa, o Pentecostes e muitas outras.

Mesmo assim, isso é quase nada se comparado ao padrão estipulado pelo Antigo Testamento, no qual os judeus parecem imortalizar e celebrar *qualquer lugar* e *qualquer momento* em que Deus age de forma única e poderosa. A tradição judaica de celebrar é como uma Ferrari, enquanto a nossa é apenas um carro popular. Não há nada de errado com um carro popular (eu mesmo já tive alguns e gosto deles), mas não se pode compará-los a uma Ferrari.

Quando li no Antigo Testamento sobre todos os símbolos incríveis e variados e as celebrações que o povo de Deus elaborou — exatamente em momentos nos quais Deus agiu de forma única e maravilhosa —, comecei a esperar por esse tipo de propósito em nosso tempo entre os discípulos de Jesus. Quero que os cristãos festejem mais!

Temos tantos motivos para celebrar e nos alegrar, ora em nossa vida pessoal, ora em nossas igrejas e comunidades espirituais. Poderíamos celebrar mais quando Deus age em nosso meio. A celebração serve como um sinal para o qual podemos olhar vez ou outra, quando a luz de nossa espiritualidade brilha com menos intensidade.

Amontoemos algumas pedras

Se viesse ao meu escritório para conversar, você veria, atrás de minha mesa, uma parede na qual fica minha biblioteca, alguns milhares de livros que acumulei durante os anos de aprendizado e serviço como pastor. No canto direito de minha biblioteca há uma prateleira cheia de quinquilharias. As pessoas sempre ficam interessadas quando a contemplam, pois querem ver algum item específico, e ficam ainda mais curiosos para saber a história por trás deles — o porquê de eu decidir preservar e exibir na prateleira.

     Tudo que está ostentado nessa prateleira tem algum significado e valor para mim. Em um sentido tangível, essas quinquilharias são recordações; cada uma delas é como a Ebenézer, pedra usada para comemorar e celebrar, em Israel, a ajuda, lembrando-lhes das provisões de Deus no campo de batalha em um momento de necessidade durante a guerra. Os itens são pedras proverbiais que coloquei no campo de batalha de minha vida, comemorando o que Deus fez comigo ou com alguém a quem tive a honra de pastorear. Eles me ajudam a lembrar o que Deus fez. Lembram-me da ação de Deus. Ajudam-me a recordar e celebrar. Quando me sinto triste e deprimido com minha espiritualidade, vou até a prateleira, pego um item ou dois e então lembro e reflito a respeito das profundas ações de Deus no passado.

Dentre os itens, há uma fileira de mais ou menos meia dúzia de extintores de incêndio tirados de prédios diferentes. Eles me foram dados, um de cada vez ou em pares, por um amigo de Cleveland de quem tive a honra de ser pastor muitos anos atrás.

Meu amigo era um bombeiro. Ele começou como parte de uma equipe, então foi promovido a chefe, e depois se tornou o responsável por todo o departamento de sua cidade. Enfim, ele se tornou um perito, investigando incêndios. Um dia, ele perguntou se poderíamos lanchar juntos, então eu fui.

Quando perguntei o que o tinha trazido de tão longe até nossa igreja, ele disse que foi uma série de acontecimentos difíceis que o colocou onde estava. Por vinte anos, ele frequentou uma igreja diferente, próxima de onde morava. Estava muito envolvido nas questões da congregação e havia se tornado amigo próximo do pastor. Com o tempo, ele se tornou o presidente do conselho de lá.

Em determinado ponto, seu pastor foi acusado por uma mulher que afirmava ter tido um caso com ele. Ninguém cogitava que tal incriminação fosse real. Meu amigo foi ao pastor e perguntou a ele se o que a mulher dizia era verdade. O pastor negou a acusação e disse que a mulher inventava mentiras. Apesar de ter sido questionado inúmeras vezes, o ministro mantinha sua história de que nunca tinha tido relações inapropriadas com aquela mulher. Mesmo quando meu amigo o olhou no fundo dos olhos e perguntou diretamente, o pastor respondeu: "Nós não tivemos relações, ela está mentindo."

No entanto, depois de meses de discussão e investigação, conforme o clima ficava mais tenso, o pastor acabou cedendo. Diante da congregação, ele admitiu: "É verdade." Ele vinha tendo um caso com aquela mulher. Além de seu comportamento imoral, o pastor mentiu para o meu amigo, o diretor do conselho, olhando-o no olho e o traindo. Pior ainda: meu amigo havia defendido o pastor diante da congregação, enquanto o adúltero ainda negava. Meu amigo havia acreditado e confiado no pastor, colocando tudo em risco por causa dele.

Como se pode imaginar, isso foi devastador para a igreja. Eles não apenas ficaram furiosos com o pastor, mas alguns também ficaram com raiva do meu amigo porque, como diretor do conselho, ele havia defendido publicamente o acusado. Ele colocara sua própria reputação em risco apenas para descobrir depois que o pastor mentira. Meu amigo me disse que a situação se tornou insuportável para ele e para sua esposa. O nome deles ficou sujo entre a congregação, e achavam que a melhor opção que tinham pelo bem da igreja era deixar aquela comunidade espiritual e ir para um lugar diferente onde pudessem começar de novo.

Depois que ele me contou essa história, eu disse: "Por Deus, por que você gostaria de se aproximar de mim?"

Pensem: aquele homem acabara de se queimar. Meu amigo foi profundamente ferido por um pastor que mentiu para ele e traiu sua confiança. Ele se arriscou pelo seu amigo, seu pastor, e acabou muito prejudicado por isso. Se eu fosse ele e tivesse sido ferido tão profundamente, não sei se conseguiria fazer o que ele estava fazendo ali comigo. Embora não ache que abandonaria Jesus nem por um momento por causa de uma situação como essa, sendo sincero, eu teria dificuldade de voltar para uma igreja e confiar em um pastor de novo, caso tivesse sido ferido da maneira como meu amigo foi. Ainda assim, lá estava ele, tentando me conhecer melhor.

Então perguntei novamente:

— Depois do que você passou, por que está querendo me conhecer melhor?

— Você precisa entender, Jamie — ele respondeu —, eu amo Jesus. Mas também amo a Igreja dele. Sim, fui ferido profundamente, mas eu nunca vou desistir da Igreja do Senhor. Um dia você pode me decepcionar também. Espero que não faça isso. Mesmo se fizer, eu tentaria de novo, pois isso não se trata de mim. Trata-se de Deus e da Igreja dele.

Com o passar dos anos, acumulei mais histórias de pessoas que foram feridas por suas respectivas igrejas do que eu gostaria. Todo dia isso me entristece. As histórias sobre acidentes espirituais como os de meu amigo são tantas que elas me fazem ter cuidado com minhas atitudes e ações. A verdade é esta: quando ouço meu amigo me contar sobre sua fé obstinada em Deus e até mesmo na Igreja do Senhor, isso toca meu espírito. Apenas Deus poderia realizar o que realizou na vida de meu amigo.

Depois daquela primeira conversa, toda vez que nos encontrávamos, ele me dava um ou dois novos extintores. Não sei a razão para isso, pois não é algo que me interesse muito. Porém, conforme ele os trazia, eu os preservava e colocava na prateleira como uma pedra de Ebenézer. Quando os vejo, lembro-me dos incêndios que irromperam na vida de meu amigo como resultado de estar profundamente ferido, e penso sobre como Deus derramou seu espírito sobre meu amigo como água reconfortante e calmante, apagando, assim, tais chamas. Toda vez que vejo os extintores em meu escritório, penso no meu amigo e sobre a obra de Deus na vida dele, dizendo para mim mesmo: "Apenas Deus seria capaz disso!" As ações de Deus na vida dele foram poderosas o suficiente para me tocar, e mesmo anos depois, ainda me afetam.

Eu poderia contar mais história de outros Ebenézeres que tenho em meu escritório e em minha casa. Cada um deles representa uma ação memorável, significante, única e poderosa de Deus em minha vida ou na vida de outras pessoas. Apesar de cada Ebenézer ter seus detalhes específicos, o ponto de todos é o mesmo: os cristãos devem celebrar mais! Precisamos marcar nossas comemorações de forma tangível para que sempre lembremos o que Deus fez e revivamos essas experiências significativas. A lembrança abre caminho para a celebração. Ebenézeres se tornam razões para festejar.

Celebrar para construir uma ponte sobre o vazio

Com o passar dos anos, descobri que lembrar e celebrar as ações únicas de Deus em nossa vida — e até mesmo comemorando os eventos com algum tipo de símbolo ou uma festa — é uma boa forma de superar a sensação de que ele está distante. As celebrações nos renovam quando estamos em um momento de crise espiritual. Elas nos lembram de que, no passado, Deus já esteve no centro do palco. Lembram-nos de que esses dias voltarão.

A história de Ester nos oferece princípios orientadores que devem estar presentes e influenciar todas as celebrações que o povo de Deus escolhe instituir. Eles nos ajudam a ter certeza de que nossa festa está sendo realizada de maneira que nos permita superar a sensação de que Deus parece distante.

Celebramos para lembrar e honrar

Celebramos para nos lembrar o que Deus fez em nosso meio e para honrá-lo como aquele que operou. Os judeus incorporaram esse princípio em sua celebração do Purim:

> Esses dias seriam *lembrados* e *comemorados* em cada família de cada geração, em cada província e em cada cidade, e jamais deveriam deixar de ser comemorados pelos judeus. E os seus descendentes *jamais deveriam esquecer-se* de tais dias.
> Ester 9:28 (itálicos do autor)

É como se a autora desse relato histórico estivesse dizendo, com percepção editorial: "Fazemos isso para nunca nos esquecermos do que Deus fez em nosso meio; nunca esqueçamos onde quase acabamos, não fosse a atividade e a operação de Deus em nossa vida. Fazemos isso para podermos nos lembrar de que o lugar que ocupamos hoje é resultado da graça, única e poderosa."

> **Celebrações relacionadas ao Reino são concebidas para lembrar e honrar o que Deus fez em nossa vida.**

Assim como os aniversários comemoram o dia em que nascemos ou honram o dia de casamento, celebrações relacionadas ao Reino são concebidas para lembrar e honrar o que Deus fez em nossa vida. Isso é o principal. Se a sua comemoração não tem o intuito de lembrar e honrar o que Deus fez em sua vida, *não é* uma celebração relacionada ao Reino. Se não considera como prioridade comemorar as ações divinas, sua celebração não se diferencia de eventos como o piquenique anual da empresa ou da festa de fim de ano do escritório. Mas caso a comemoração das obras de Deus seja uma prioridade sua, você entrará em contato com o Deus que sempre amou você e deseja lhe mostrar a luz da manhã novamente.

Celebramos espiritual e relacionalmente

Esse segundo princípio é crucial e um diferencial, especialmente se levarmos em consideração a ênfase que nossa cultura moderna dá à independência e à individualidade:

> Mardoqueu enviou cartas a todos os judeus (...) confirmando que os dias de Purim deveriam ser comemorados nas datas determinadas, conforme o judeu Mardoqueu e a rainha Ester tinham decretado e estabelecido para si mesmos, para todos os judeus e para os seus descendentes, e acrescentou observações sobre tempos de *jejum e de lamentação*.
> Ester 9:30-31

> Mardoqueu registrou esses acontecimentos (...) pois nesses dias os judeus livraram-se dos seus inimigos, e nesse mês a sua tristeza tornou-se em alegria, e o seu pranto, num dia de festa. Escreveu-lhes dizendo que comemorassem aquelas datas como dias de festa e de alegria, de *troca de presentes* e de *ofertas aos pobres*.
> Ester 9:20,22

A espiritualidade e as relações são os dois valores mais importantes nesses versículos. Perceba que a celebração judaica tinha uma base espiritual (jejum e orações de lamento) e uma expressão relacional (eles compartilhavam comida e presentes). As celebrações judaicas quase sempre focam em Deus e em sua atividade na vida dos judeus, assim como focam nas ações que eles adotaram durante o processo, como jejuar, lamentar, orar, cantar ou servir. Além disso, tais comemorações dificilmente eram celebradas individualmente. Elas eram praticadas com a comunidade, levando em consideração o próximo.

Celebrações relacionadas ao Reino são diferentes de outras comemorações. Um reencontro com sua turma do colégio depois de anos pode oferecer uma chance de as pessoas se reunirem, lembrarem os dias passados e se atualizar sobre a vida dos colegas, mas raramente possuem um componente espiritual significativo relacionado a isso. As celebrações relacionadas ao Reino devem possuir tanto os componentes relacionais quanto os espirituais. Elas devem honrar e lembrar o que Deus fez de forma tão única e poderosa.

Festejemos!

Se Deus salvou você do pecado e de suas consequências eternas, então há motivos para festejar. Se ele proporcionou esperança e cura para o seu casamento, então há motivos para festejar. Se ele livrou você do vício, então há motivos para celebrar. Se ele proporcionou a reconciliação de alguma relação importante, então há motivos para festejar. Se ele renovou seu propósito e sua esperança deste lado do Paraíso, então há motivos para fazer festa. Se ele acalmou a raiva, silenciou a dúvida ou trouxe paz aos problemas dentro de você, então há motivos para celebrar. Se ele fez com que você deixasse de lado seu egoísmo e focasse mais nas necessidades do próximo, então há motivos para festejar.

Sempre que Deus age de forma única e poderosa em sua vida, há motivos para festejar. Jesus disse que, sempre que uma pessoa se arrepende (ou seja, vira as costas para uma vida pecaminosa e se coloca perante o Senhor), "há alegria na presença dos anjos de Deus" (Lc 15:10). Podemos tomar parte nessa alegria ao celebrarmos as incríveis ações de Deus no mundo. E nos sentiremos próximos de Deus quando fizermos isso.

POSFÁCIO
A forma supera a fórmula

Quando começamos esta jornada, prometi que passaríamos mais tempo vendo as soluções do que destacando o problema. Isso é evidente e gritante: muitos de nós experimentamos períodos em que temos a sensação de que Deus parece distante. Às vezes, esse tempo é longo. Em alguns momentos, em um nível mais crônico do que intenso. Talvez não falemos disso — principalmente com cristãos que parecem místicos do século XVIII, que sentem constantemente a presença do Senhor —, mas sabemos muito bem o que se passa em nossa alma. Muitas vezes, é a experiência dessa sensação de distanciamento de Deus.

A história de Ester supre a promessa de encontrar soluções para esse problema. Se havia um grupo na Bíblia especialista na sensação de que Deus parece distante e que expunha isso nitidamente eram os judeus vivendo em exílio. Ainda assim, a jornada deles mostra oito maneiras fundamentais de se superar essa impressão. Oito maneiras que os permitiu experimentar novamente sensação de proximidade em relação a Deus.

Resumindo, essas formas funcionam. Funcionaram para Ester e seu povo, e vêm funcionando nos últimos 2,5 mil anos para milhões de discípulos do Deus Todo-Poderoso. A vantagem real dessas soluções é que funcionam quando as coisas vão mal. Elas funcionam quando nossa caminhada espiritual está em passo lento. Elas funcionam quando sentimos que nossas reservas espirituais estão baixas ou quando sentimos que nossa energia espiritual não é suficiente para seguirmos em frente.

Durante a alta da pandemia de Covid-19, em 2020, precisei sair de onde vivia, em Arizona, e ir até Michigan. Não me sentia confortável em ir de avião, e meu irmão que vivia em Michigan precisava de um carro, então decidi fazer o percurso pela autoestrada. Era um carro bom e pequeno — ênfase em *pequeno*. Era o último modelo de um Fiat 500. São carros pequenos, compactos e eficientes, pois a quilometragem por litro é ótima, já que eles têm um motor pequeno. No entanto, aprendi que, enquanto aquele modelo era bom para dirigir dentro da cidade, não era tão forte nos terrenos montanhosos. Phoenix é um vale. A única maneira de sair da cidade é subir da base do vale até o topo do chamado Mogollon Rim. Chegando aí, o caminho entre o centro-oeste e Michigan é tranquilo.

O desafio: o que separava a base do topo eram quase 1,7 mil metros. Como se pode imaginar, são montanhas íngremes e o caminho é longo. Para enfrentar uma delas, coloquei o carro na terceira marcha (de cinco) e pisei no acelerador, mas o motor continuava não correspondendo. Eu não conseguia acompanhar nem o tráfego lento. Pequenos caminhões me ultrapassavam. A boa notícia é que consegui superar isso — por pouco. Enquanto subia as montanhas, desejava ter investido na versão turbo do Fiat 500. O turbo é um modelo com melhor desempenho, pois tem um turbo ligado ao motor que aumenta significantemente a potência. Faz de um Fiat lento e com pouca potência um pequeno foguete. Eu queria esse foguete.

Às vezes, a vida é como subir uma montanha íngreme. Pior ainda, às vezes a *fé* é como uma subida na qual diminuímos o passo e nos perguntamos se conseguiremos chegar ao topo. A mensagem do livro de Ester é que Deus colocou um turbo no motor de nossa fé que oferece uma tremenda potência para nossa caminhada com Deus. Com o turbo fornecido por Deus, podemos não apenas superar as dificuldades do terreno, mas também fazer isso com a velocidade e a energia necessárias.

O livro de Ester sobrepõe *oito caminhos fundamentais* à equação investimento/resultado que montamos anteriormente. Esses caminhos podem estimular nossa confiança e nossa fé no Senhor. A equação é boa. É como um modelo de carro novo e bem equipado. Tem um bom motor e tranquilamente nos leva de um ponto ao outro dentro de determinado terreno. Os investimentos são coisas que nos permitem caminhar com Deus de maneira que o experimentemos de forma regular.

Investimento	Resultado
• Estudar a Bíblia	• Sabedoria/conhecimento para viver a vida
• Orar regularmente	• Bênção de Deus
• Comunhão com outros crentes	• Orientação quanto às situações
• Louvar em público e no privado	• Sentir a presença de Deus
• Servir com seus dons e paixão	• Poder do Espírito Santo
• Ser generoso com seus recursos	• Motivação para perseverar
• Amar todas as pessoas	• Crescimento do caráter pessoal

Para se superar um terreno difícil, no entanto, precisamos de uma potência adicional que provém da confiança sem reservas na providência de Deus; tem origem na humildade, em fazer a coisa certa do jeito certo, na decisão guiada por Deus, tomada durante a tempestade, na disposição de dar lugar para Deus agir em nossos planos, em viver uma vida fiel a ele, no processo de têmpera do nosso uso do poder e na celebração de momentos nos quais Deus age de forma inconfundível. Ao sobrepormos isso à equação investimento/resultado, o resultado é o seguinte:

Você   Confiar na providência de Deus
Humildade
Fazer o certo
Basear suas decisões em Deus
Viver uma vida de lealdade
Usar o poder de forma correta
Celebrar vitórias de forma correta   **Deus**

O ponto ao qual desejo chegar é que as coisas que aprendemos com Ester e que aplicaremos em nossa vida *não substituirão nossa equação, elas a complementam.* Elas somam o necessário para que possamos superar períodos nos quais temos a sensação de que Deus parece distante. Elas nos levam ao topo da montanha, no qual podemos contemplar um belo horizonte, mais uma vez próximos ao Senhor. Essas soluções funcionaram para Ester e podem funcionar para nós também.

Ao encerrar minha pregação semanal na igreja, frequentemente digo: "Mal posso esperar para ver o que Deus fará ao seguirmos seus passos nesses caminhos." Esse também é um bom jeito de encerrar nossa jornada. Mal posso esperar para ver o que Deus fará ao usarmos as oito maneiras comprovadas que aprendemos no livro de Ester para superar os períodos nos quais temos a sensação de que Deus parece distante. Elas constituem um caminho estreito que leva à vida.

Reflita e coloque em prática

Introdução

1. Você já experimentou a dor de estar fisicamente distante de alguém importante? Como você descreveria esse tempo? Quais foram alguns dos pensamentos e sentimentos que você teve quando isso aconteceu?
2. Você já se sentiu distante de Deus? Qual foi (ou é) o contexto que lhe causou essa sensação de que Deus parecia estar longe? Que tipo de perguntas você faz sobre Deus (ou até mesmo a ele) quando não o sente próximo?
3. Como você se sente ao saber que não é o único que, às vezes, tem a sensação de que Deus parece distante?
4. Que tal ser sincero sobre sua experiência de sentir esse distanciamento de Deus e tentar descobrir o que ele pode lhe oferecer à medida que você supera essa sensação? Que resultados você gostaria de obter ao se engajar nesse esforço?

Um caminho diferente

1. A quais aspectos da equação investimento/resultados você recorre para aproveitar o máximo de sua fé em Jesus: estudo da Bíblia, oração, comunhão com outros cristãos, adoração pública e privada, serviço, generosidade ou o amor ao próximo? De que maneira esses conceitos normalmente concretizam ou dão significado a sua fé?
2. Como você consegue perceber que esse raciocínio está funcionando? Quais são os sinais que lhe causam a sensação de que Deus parece distante e que sua fé parece mais frágil do que gratificante?
3. O que você faz quando essa abordagem não funciona? Como agiu no passado para lidar com a sensação de distanciamento de Deus?

Até que ponto esses esforços deram certo? Se o resultado foi decepcionante, por que você acha que não funcionou?
4. Quando você lê que o salmista, o povo de Israel, o apóstolo Paulo e até mesmo Jesus passaram por períodos em que tinham a sensação de estar distantes de Deus, o que isso lhe diz sobre suas dificuldades?
5. O livro de Ester é descrito como uma história na qual Deus está agindo nos bastidores. Isso incentiva você, de alguma maneira, a considerar que, mesmo quando ele parece distante, é possível ter a certeza de que Deus está agindo em sua vida, mesmo que seja nos bastidores?

Primeira maneira — Crendo na providência de Deus

1. Pense a respeito das pessoas com quem você convive. Em que mais você vê que elas colocam a fé, além de Deus?
2. Em quem ou em que você coloca sua fé? Já aconteceu de colocar sua fé em alguma coisa ou em alguém que não correspondeu às suas expectativas? Como foi essa situação? De que forma ela afetou sua fé?
3. Você sente ser verdadeira a afirmação de que a fé é uma dádiva de Deus? De que formas você trata sua fé como se ela fosse essa dádiva divina?
4. Se você coloca sua fé em Jesus, o que acredita que ele pode ser ou fazer em sua vida? O que as palavras "Salvador" e "Senhor" significam para você? De que maneira essas verdades servem como base para sua fé? Que outros aspectos de sua fé dependem do alicerce que é Jesus e o que ele realizou na cruz?
5. Quais as semelhanças entre a cultura atual e a cultura persa da época de Ester? Que tipo de pensamentos ou ideias populares sobre a fé que você escuta hoje seriam aceitos naquele tempo? A fé de Mardoqueu e de Ester na providência de Deus foi tão incomum na época quanto seria para nós hoje, pois a capacidade divina de nos prover não depende da popularidade do Senhor. O que isso revela a você sobre Deus?
6. Como você analisa a provisão de Deus no decorrer de sua vida? Até que ponto essa provisão depende das coisas que você fez ou faz?
7. O que significa para você a frase: "A fé é uma experiência por si só"? Como você viu essa verdade se concretizar em sua vida? Como a fé se tornou uma bênção por si só?

8. De que maneiras a providência divina lhe trouxe conforto? Como ela lhe proporcionou esperança? Como ela fortaleceu sua vida? Pense em algumas formas tangíveis pelas quais a providência de Deus ajudou você a se equilibrar quando o Senhor pareceu estar longe?

Segunda maneira — Escolhendo a humildade ao invés do orgulho

1. Tente se lembrar de algum momento no qual seu orgulho foi ameaçado. Quais eram as circunstâncias? Como seu orgulho foi ameaçado?
2. Recorde um momento em que você viu que estava lidando com alguém que era realmente humilde. O que fez você notar a humildade dessa pessoa? Como essa humildade afetou sua vida?
3. Pense em algumas maneiras pelas quais a cultura de hoje celebra o orgulho. Qual é a mensagem ou o senso comum associado à humildade? Em sua vida, de que formas a tensão entre orgulho e humildade presente em nossa cultura afeta seu trabalho ou suas relações?
4. Para você, qual o significado de Deus conceder a graça aos humildes? Como você experimentou isso em sua vida? De que forma você enxergou essa verdade em ação na vida de outras pessoas? Como acha que a humildade pode ajudar você a enfrentar ou até mesmo resolver alguns dos desafios que enfrenta?
5. As pessoas descreveriam você como um baiacu ou como um acará? Quais argumentos elas utilizariam para defender suas afirmações?
6. Até que ponto você se sente vulnerável à inclinação humana ao orgulho? Que tipo de tendências sutis levam você a agir com base no orgulho?
7. Como seria para você fazer um balanço diário de sua vida, convidando Deus a mostrar qualquer atitude orgulhosa que necessita de uma correção? O que está em risco quando você faz esse balanço pessoal? O que você tem a ganhar?

Terceira maneira — Fazendo a coisa certa do jeito certo

1. Quando a decisão de fazer a coisa certa foi um desafio para você? Você já comprometeu, de alguma forma, sua moral ou sua ética? O que fez você tomar essa decisão? Qual foi o resultado?

2. Como estava sua vida para que você corajosamente escolhesse a coisa certa, mesmo se sentindo tentado a ceder? Qual foi o padrão que você escolheu para tomar essa decisão?
3. Você já sofreu consequências negativas por ter feito a coisa certa? O que aconteceu? Como essa experiência afetou você?
4. Onde você vê a ética sendo exercitada apenas por conveniência em nossa cultura atual? Quais as justificativas mais comuns para se fazer a coisa errada? Como essa racionalidade se coloca contra um código moral baseado no que Deus revelou sobre si e sobre a Bíblia?
5. O que pode ser dito sobre sua fé quando você está determinado a continuar fazendo a coisa certa, mesmo quando Deus parece distante?
6. Como você acha que insistir em sua obediência durante os períodos nos quais você se sente espiritualmente seco pode ajudar a sentir mais a presença de Deus?

Quarta maneira — Tomando boas decisões durante a tempestade

1. Você já enfrentou a ameaça tripla, na qual foi confrontado diante de uma decisão difícil, quis agir de acordo com a vontade de Deus, mas não se sentia em um bom momento espiritual para discernir a vontade dele? Descreva essa ameaça: que decisão precisou tomar? Quais as opções que você tinha? Naquele momento, o que fez você sentir dificuldade para discernir a vontade de Deus? O que mais complicou a situação? Você está enfrentando uma ameaça tripla neste momento?
2. A decisão crítica que Ester teve de tomar demonstra que o altruísmo e a recusa ao egoísmo são as chaves para tomar uma decisão difícil. Quem são as outras pessoas que correm maior risco ou que mais se beneficiariam de uma difícil decisão que você esteja enfrentando (ou espera enfrentar)? O que lhe custaria, ou seja, do que você teria de abrir mão para tomar essa decisão difícil?
3. Como você vê que o altruísmo e a negação ao egoísmo se alinham com a atividade de Deus no decorrer da História?
4. De que maneiras você já negou a si mesmo para que outros pudessem se beneficiar? Quais as variáveis que fazem dessa negação algo mais difícil de ser realizado?

5. Qual você acredita que seja a relação entre a providência, a humildade, o fazer a coisa certa e a tomada de boas decisões? Um pode existir sem o outro? O que acontece quando falta algum desses aspectos? Como você acha que esses fatores — tanto separados quanto juntos — afetam seu senso de distanciamento ou proximidade de Deus?

Quinta maneira — Dando lugar para Deus em sua vida

Que coisas em sua vida você sente que funcionam muito bem, mas são, na verdade, resultado de muito trabalho nos bastidores? O que aconteceria se esses esforços nos bastidores cessassem ou mudassem de forma drástica?
2. O *lugar para Deus* é a criação de um espaço em sua vida para que o Senhor possa fazer as coisas que apenas ele pode realizar. Você já teve a experiência de sentir Deus trabalhando nos bastidores de sua vida? Caso a resposta seja positiva, o que aconteceu? Em que ponto você percebeu que Deus estava trabalhando nos bastidores?
3. O que é essencialmente necessário para dar lugar para Deus agir? O que essa iniciativa, dentro do contexto de sua vida, revela a respeito de sua noção sobre a natureza e a providência de Deus?
4. Quais são os maiores desafios que você enfrenta ao se esforçar para dar lugar para Deus agir? Como Ester lidou com esses desafios? O que você pode fazer para alcançar um resultado semelhante ao dela?
5. Em sua situação atual, que desafios seriam tão grandes a ponto de apenas Deus poder resolvê-los? O que você acha que Deus pode fazer com o tempo confiado a ele? Como seu ponto de vista mudaria se você focasse mais em Deus (seus atributos, o controle que ele pode exercer sobre a situação e sua relação com ele) do que na própria situação pela qual você está passando?
6. Como seria para você ter de esperar pela providência divina com expectativa? Como seria ter de esperar pela operação de Deus todos os dias? Como você explicaria o conceito de esperar em Deus com alegria para alguém que não tem familiaridade com essa ideia? Quais as escolhas que você deve fazer para esperar em Deus, levando em consideração esses três princípios?

Sexta maneira — Lealdade que liberta

1. Pense em alguém que você descreveria como uma pessoa leal. Que detalhes da vida dessa pessoa que você leva em consideração para fazer essa afirmação? De que formas essa pessoa é leal? O que ela superou ou evitou para manter essa fidelidade?
2. Em sua vida, quais foram os momentos em que sentiu a tentação de não cumprir com sua palavra, de abandonar suas crenças ou de quebrar uma promessa? Se cedeu a essa tentação, o que levou você a fazer isso? Sobre o que você se arrepende a respeito dessa escolha? Se resistiu à tentação, o que manteve você firme? O que sua lealdade e sua fidelidade proporcionaram para sua vida? O que você valoriza na escolha que fez?
3. Por que você acha que Deus valoriza a lealdade? Como a fidelidade espelha o caráter de Deus?
4. Qual dos benefícios da lealdade toca você mais profundamente (justiça, proteção, alegria e felicidade, evangelismo)? Como você acha que esses benefícios expressam a fidelidade de Deus àqueles que são afetados por eles?
5. Como acha que se manter leal, mesmo em momentos desafiadores ou em situações adversas, pode ajudar você a sentir a presença de Deus? Qual a diferença entre ser leal e apostar em disciplinas espirituais?
6. De que formas você já experimentou a habilidade que a lealdade traz de superar os obstáculos que este mundo caído coloca em nosso caminho? O que a experiência de superar os obstáculos diz a você a respeito de Deus? O que ela diz sobre sua identidade como filha ou filho de Deus?

Sétima maneira — Usando o poder

1. Quais as formas mais evidentes de poder em sua vida? No seu trabalho? Na sua casa? Na sua igreja? Em suas demais relações? Nesses contextos, como os outros descreveriam o uso que você faz do poder que possui?
2. Em quais situações de sua vida você sente que não tem poder ou está em grande desvantagem por causa da falta dele? O que aconteceu para fazer você notar esse desequilíbrio? O que acha que poderia ser diferente, caso você tivesse mais poder?

3. Avalie as situações nas quais você se sente impotente ou com menos poder. Nelas, onde você acha que deixou de usar um poder que estava disponível por intermédio de Deus? Por que você acha que ignorou esse poder? Uma mudança em seu ponto de vista a respeito desse poder disponível e não utilizado mudaria sua opinião de se considerar uma vítima daquela circunstância?
4. Você utiliza o poder que tem corretamente? Como pode lidar melhor ou de forma mais apropriada com o poder? O que você acha que poderia mudar? E o que acha que poderia mudar, mesmo que as circunstâncias não mudem?
5. Que recursos estão disponíveis para que ajudariam você a controlar as circunstâncias ou seu modo de agir diante delas? De que recursos você tende a depender com maior frequência? Quais você costuma negligenciar ou ignorar? Por quê?
6. Como seria a dinâmica de suas relações caso passasse o poder disponível a você pelo processo de têmpera e disciplinando-se para usá-lo apenas de forma defensiva, altruísta e com propósito?
7. Quais são os riscos de exercer o poder sem a graça? Sem a verdade? Sem o amor? De que formas práticas é possível passar seu poder por um processo de têmpera baseado na graça e na verdade manifestadas por meio do amor?
8. Como as outras pessoas podem se beneficiar a partir da sua determinação de usar seu poder de forma sábia, honrada e como proteção?

Oitava maneira — Celebrando as vitórias

1. Quais são os eventos ou as conquistas importantes de serem lembrados e celebrados por você? Por quê? Por que você acha que é importante que grupos de pessoas (sejam de natureza espiritual, cultural, étnica, nacional etc.) comemorem e celebrem? O que essas celebrações proporcionam a esses grupos?
2. Quais são os riscos de se abandonar essas lembranças? O que acontece se as pessoas esquecerem o que ocorreu, por que ocorreu ou como ocorreu?
3. Qual dos aspectos da celebração judaica do Purim você acha que é o mais importante: jejuar, lembrar e reviver a história, festejar, trocar presentes ou fazer caridade? Por quê?

4. Por que você acha que os cristãos não celebram com mais frequência?
5. Você tem algum Ebenézer ou marco comemorativo cuja função seja lembrar a ação fiel de Deus em sua vida? Em caso positivo, quais são eles e o que lembram? Se não tem, o que você poderia escolher como um Ebenézer? O que comemoraria? Por que é importante que você se lembre desse evento em particular?
6. Como a celebração como memória e honra ajuda você a sentir a proximidade de Deus? O que é alcançado ao celebrarmos espiritual e racionalmente?
7. Do que você gosta mais na atitude de celebrar Deus e a operação dele em sua vida? Como a celebração deliberada afeta ou influencia outros momentos de sua vida?

Posfácio — A forma supera a fórmula

1. Como você acha que seria aplicar essas oito maneiras de superar a sensação de que Deus parece distante à fórmula investimento/resultado que costuma utilizar em sua vida espiritual? A partir de que momento isso mudaria sua vida e suas práticas devocionais? De que forma você poderia esperar que elas fossem diferentes?
2. Como as oito maneiras complementam ou superam seus hábitos e práticas espirituais? De que formas elas adicionam mais poder para lidar com as difíceis condições de sua vida? Onde você enxerga Deus nessas oito maneiras? Como sua sensação de proximidade de Deus é influenciada pelo ato de se utilizar deliberadamente dessas maneiras à medida que você vive sua fé dia após dia?
3. Quais as três lições mais importantes que você aprendeu a partir da leitura deste livro? Por que elas se destacaram? Qual seria uma forma concreta pela qual você poderia aplicar cada uma delas em sua vida e em seu contexto? Incentivo você a submeter essas propostas a Deus por meio da oração, agradecendo a ele por sua proximidade que faz ser possível escutá-lo, mesmo quando temos a sensação de que ele está distante. Agradeça a ele por ser possível perseverar em seus esforços sinceros de viver na realidade da providência divina por meio do poder do Espírito Santo.

DIREÇÃO EDITORIAL
Daniele Cajueiro

EDITOR RESPONSÁVEL
Omar Souza

PRODUÇÃO EDITORIAL
Adriana Torres
Júlia Ribeiro
Mariana Lucena

COPIDESQUE
Aldo Menezes

REVISÃO
Rodrigo Austregésilo

DIAGRAMAÇÃO
Douglas Kenji Watanabe

Este livro foi impresso em 2022
para a Novo Céu.